新装版

「ハングル」能力検定試験 完全対策 準2級

林京愛 著

HANA

林京愛 著

HANA

新装版について

本書は、2019年に出版された『ハングル能力検定試験準２級完全対策』の聞き取り音声をダウンロード提供のみに変更した新装版です。MP3音声CD-ROMは付属しておりません。

ダウンロード情報

本書の音声は、小社ホームページ(https://www.hanapress.com)からダウンロードできます。トップページの「ダウンロード」バナーから該当ページに移動していただくか、右記QRコードからアクセスしてください。

はじめに

「ハングル」能力検定試験準２級は、日常的な場面で使われる韓国･朝鮮語に加え、より幅広い場面で使われる韓国･朝鮮語をある程度理解し、それらを用いて表現できるレベルです。３級と比べてはるかに難易度が高いため、多くの練習問題や長文読解を通じて文法力･語彙力共に向上させる必要があります。数多くの単語、漢字語、慣用句に加えて、ことわざや四字熟語なども覚えなければなりません。また、試験合格にはリスニング力が欠かせませんが、問題のレベルが高いのはもちろん、読み上げのスピードはほぼネイティブスピードと同じなので、正確に聞き取るためには多くの練習が必要となります。合格点は３級の60点から70点に上がります。

本書は、STEP 1～4で構成されています。STEP 1ではまず、「プチ模擬試験」を通じて試験の難度やご自身の現状のレベルを把握できます。STEP 2では準２級の出題範囲の内容を項目別に勉強、その後はSTEP 3のドリルで問題を解きながら学習内容をしっかり定着させます。特に、多様な聞き取り問題を解くことでリスニング力を向上させることができます。さらに最後の仕上げSTEP 4では、本試験を想定した模擬試験で学習の成果を確認することができます。

本書の特徴として、豊富な例文とドリルが挙げられます。ドリルは学習しやすいように出題項目別に分かれていますので、強化したい分野や苦手な部分を選び出して集中的に学習することも可能です。また、解答には正解のみならず学習に役立つ関連項目についても解説しています。ドリルで自分の弱点を見つけ、克服しながら関連項目までしっかり覚えられる構成からも、本書は効率的に合格点を取ることができる対策本になっています。

本書が「ハングル」能力検定試験の学習に上手に活用され、上級への第一歩となりますこと、そして何よりも皆さまの合格を、心から願っております。

最後に本書の刊行に当たって、企画の段階から編集や校正に至るまで、多大なご協力をいただいた皆さまに心からお礼申し上げます。

林京愛

「ハングル」能力検定試験準２級完全対策

目　次

総仕上げ点検！

模擬試験

「ハングル」能力検定試験 準２級

レベルの目安と合格ライン

レベル

◇さまざまな相手や状況に応じて表現を選択し、適切にコミュニケーションを図ることができる。

◇内容が比較的平易なものであれば、ニュースや新聞記事も含め、長い文やまとまりを持った文章をだいたい理解でき、また日常生活で多く接する簡単な広告などについてもその情報を把握することができる。

◇頻繁に用いられる単語や文型については基本的にマスターしており、数多くの慣用句に加えて、比較的容易なことわざや四字熟語などについても理解し、使用することができる。

合格ライン

100点満点（聞き取り40点中必須得点12点、筆記60点中必須得点30点）で、70点以上が合格

試験時間：聞き取り30分、筆記60分　マークシート使用

試験の実施要項と出題形式

「ハングル」能力検定試験は１年に２回(春季・秋季)実施されます。春季は６月の第１日曜日、秋季は11月の第２日曜日に行われます。
試験は聞き取り試験30分、筆記試験60分の順で続けて実施され、その間の休憩時間はありません。それぞれの試験の出題形式と問題数は以下の通りです。

聞き取り問題　30分

大問１～５　全20問(40点)

応答・内容理解問題	20問

※必須得点12点

筆記問題　60分

大問１～12　全40問(60点)

発音問題	2問
語彙・文法問題	23問
漢字問題	3問
読解問題	6問
翻訳問題	6問

※必須得点30点

試験時間90分　100点満点
<70点以上合格>

＼ POINT ／

出題範囲が広くなるので、単語のみならず、数多くの慣用句、ことわざ、四字熟語をきちんと覚えて総合的な語彙力を向上させることが重要です。語尾、表現の意味や用法も、単純に暗記するのではなく、さまざまな例文とドリルを通して確実に身に付けていくことが、高得点へつながるポイントとなるでしょう。

受験申込み(郵送またはオンラインで申込み)

郵送　「ハングル」能力検定試験の受験案内取り扱い書店で願書を入手できます。
※検定料を払い込める書店と願書配布のみの書店があります。

オンライン　ハングル能力検定協会のサイトから願書をダウンロードできます。

ハングル能力検定協会　http://www.hangul.or.jp/

本書の特長と学習の進め方

本書はSTEP1～STEP4の４段階で構成されています。段階ごとに学習していくことで、検定試験に合格するための総合的な実力が付けられます。

STEP 1 プチ模擬試験

現状把握して学習をスタート

試験の難度、現在の自分の理解度などを把握してから本格的に学習をスタートさせられます。本試験まで時間がない場合や学習時間が思うように取れない方は、プチ模擬試験を通して苦手分野を確認し、強化したい項目を絞って学習することも可能です。

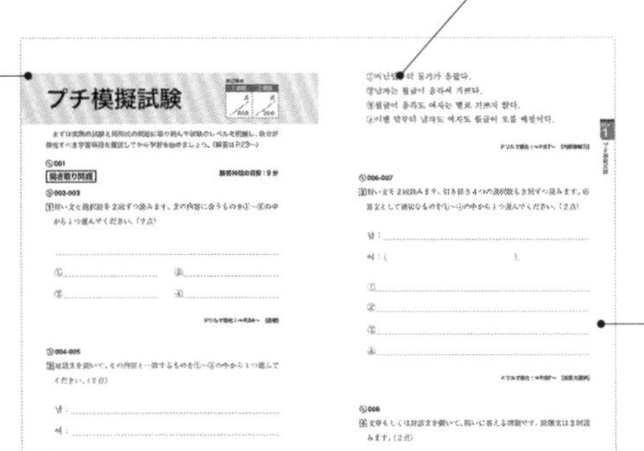

本試験を効率よく“お試し”

聞き取り問題、筆記問題共に、本試験で出題される問題形式ごとに1問ずつ掲載しています。

強化ポイントをチェック

「ドリルで強化！」「必修項目で確認！」では、問われている問題に対応するためにどのドリル、どの項目で学習をすればいいか一目で分かります。

STEP 2 準２級必修項目

豊富な例文

助詞・語尾・表現・慣用句など、必修事項の一覧は例文も豊富に掲載しています。「check欄」は学習経過や暗記の確認に活用してください。

詳しい解説で要点確認

準２級の出題範囲の中でも合格のために欠かせない必修項目を整理し、解説しています。

STEP 3 合格徹底ドリル

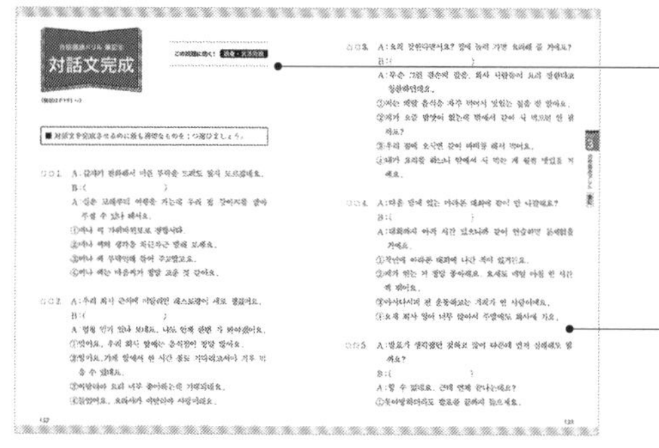

問題形式を確認

「この問題に効く！」では学習しているドリルが本試験でどの問題形式に対応しているのか示しています。また、「必修項目で確認！」ではどのページを参考にして復習すればよいのか一目で分かります。

実力アップにつながる多様なドリル

ドリルでは、本試験と同形式の問題を豊富に掲載しています。解答では正解のみならず関連項目についても解説しているので、検定試験対策をしながら確実な実力アップが狙えます。

STEP 4 模擬試験

仕上げの実力点検

２回分収載した模擬試験で、学習の総仕上げとして実力チェックができます。聞き取り試験・筆記試験共に、巻末のマークシートを使って解答してください。本試験は聞き取り試験30分、筆記試験60分で、間に休憩はありません。できるだけ本試験と同じように、時間を計り、連続で模擬試験に取り組むようにしてください。

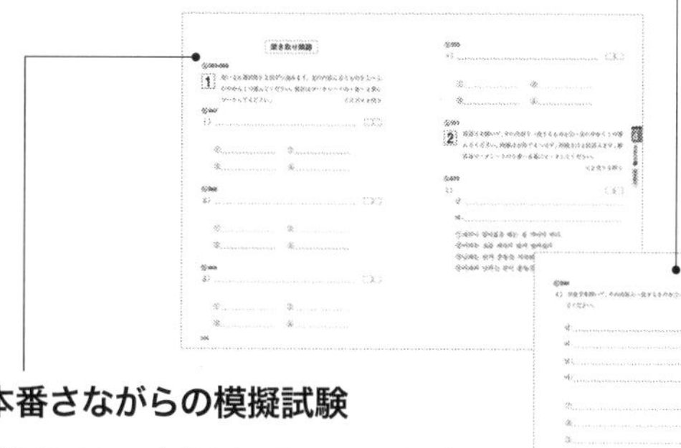

本番さながらの模擬試験

付録CD-ROMに収録された聞き取り試験の音声には、解答時間のためのブランクも本番同様に含まれていますので、CD-ROMを再生したまま１回分の模擬試験に取り組むことができます。

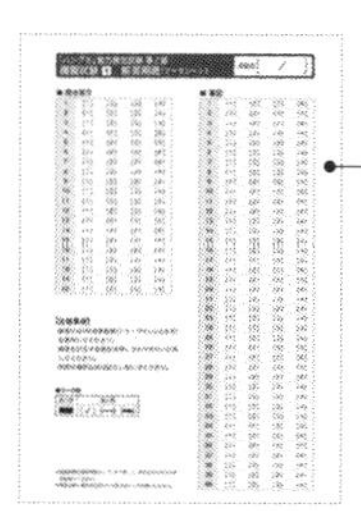

[巻末マークシート]

模擬試験は、本試験と同じくマークシートを使って解答できます。何度も解く場合はコピーして使用してください。

●「ハングル」能力検定試験では南北いずれの正書法も認められていますが、本書では韓国の正書法に統一しています。

STEP 1

まずは現状把握！
プチ模擬試験

聞き取り問題はCDのトラックNo.001～011を聞いて答えてください。
空欄はメモをする場合にお使いください。

プチ模擬試験

自己採点
1回目
2回目
点
20点
点
20点

まずは実際の試験と同形式の問題に取り組んで試験のレベルを把握し、自分が強化すべき学習項目を確認してから学習を始めましょう。(解答はP.23～)

001

聞き取り問題

解答時間の目安：9 分

002-003

1 短い文と選択肢を２回ずつ読みます。文の内容に合うものを①～④の中から１つ選んでください。(２点)

____

① ______________ ② ______________

③ ______________ ④ ______________

ドリルで強化！⇒P.84～[語彙]

004-005

2 対話文を聞いて、その内容と一致するものを①～④の中から１つ選んでください。(２点)

남：______________________________

여：______________________________

①지난달부터 물가가 올랐다.

②남자는 월급이 올라서 기쁘다.

③월급이 올라도 여자는 별로 기쁘지 않다.

④이번 달부터 남자도 여자도 월급이 오를 예정이다.

ドリルで強化！⇒P.87～[内容理解①]

◎006-007

3 短い文を２回読みます。引き続き４つの選択肢も２回ずつ読みます。応答文として適切なものを①～④の中から１つ選んでください。(２点)

남：＿＿＿＿＿＿＿＿＿＿＿＿＿＿＿＿＿＿＿＿

여：(　　　　　　　　　　　　　　　　).

①＿＿＿＿＿＿＿＿＿＿＿＿＿＿＿＿＿＿＿＿

②＿＿＿＿＿＿＿＿＿＿＿＿＿＿＿＿＿＿＿＿

③＿＿＿＿＿＿＿＿＿＿＿＿＿＿＿＿＿＿＿＿

④＿＿＿＿＿＿＿＿＿＿＿＿＿＿＿＿＿＿＿＿

ドリルで強化！⇒P.92～[応答文選択]

◎008

4 文章もしくは対話文を聞いて、問いに答える問題です。問題文は２回読みます。(２点)

009

文章を聞いて、被害の内容と一致するものを①～④の中から１つ選んでください。

①그저께 신사동의 한 레스토랑에서 화재가 발생했다.

②화재로 세 명이 다치고 재산 피해를 냈다.

③불은 한 시간만에 꺼졌다.

④화재 때문에 근처의 가게들까지 피해를 입었다.

ドリルで強化！⇒P.97～[内容理解②]

010

5 文章もしくは対話文を聞いて、問いに答える問題です。問題文と選択肢をそれぞれ２回ずつ読みます。（２点）

011

次の文章は何を説明したものなのか、適切なものを①～④の中から１つ選んでください。

①＿＿＿＿＿＿＿＿ ②＿＿＿＿＿＿＿＿

③＿＿＿＿＿＿＿＿ ④＿＿＿＿＿＿＿＿

ドリルで強化！⇒P.102〜[内容理解③]

筆記問題

解答時間の目安：20 分

1 下線部を発音どおり表記したものを①〜④の中から１つ選びなさい。（２点）

청소하려고 창문을 열고 싶은데 <u>못 열겠어요</u>.

①［모셜게써요］　②［모뎔게써요］

③［몬녈게써요］　④［몬열게써요］

ドリルで強化！⇒P.107〜[発音]

2 （　　　　）の中に入れるのに最も適切なものを①〜④の中から１つ選びなさい。（１点）

어제부터 내리던 비가 그치고 하늘에는 예쁜 (　　　　　)가/이 떴다.

①잡초　②무지개　③제비　④태평양

ドリルで強化！⇒P.109〜[穴埋め①]

3 (　　　　)の中に入れるのに適切なものを①〜④の中から１つ選びなさい。(１点)

막상 사람들 앞에서 (　　　　　) 긴장돼서 아무 생각도 안 난다.

①얘기하길래　②얘기하려니
③얘기하느라고　④얘기하더니

ドリルで強化！⇒P.117〜[穴埋め②]

4 次の文の意味を変えずに、下線部の言葉と置き換えが可能なものを①〜④の中から１つ選びなさい。(１点)

그 사람은 아무리 어려운 문제라도 <u>식은 죽 먹듯이</u> 해결한다.

①간단히　②거꾸로　③두고두고　④단칼에

ドリルで強化！⇒P.125〜[置き換え表現]

5 全ての(　　)の中に入れることができるもの(用言は適当な活用形に変えてよい)を①～④の中から１つ選びなさい。(２点)

・공부 안 하고 게임만 하다가 아버지한테서 (　　)가/이 떨어졌어요.
・모레가 시험인데 공부를 안 해서 오늘 밤부터 (　　)치기 공부를 해야 돼요.
・옛날에는 가난했지만 복권에 당첨되어 (　　)부자가 된 거래요.

①배꼽　②쓸모　③벼락　④불꽃

ドリルで強化！⇒P.129～[共通語彙]

6 対話文を完成させるのに最も適切なものを①～④の中から１つ選びなさい。(２点)

A：우리 과장님 바이올린에 피아노, 기타까지 칠 줄 아신대요.
B：(　　　　　　　　　　　　)
A：그러게 말이에요. 처음엔 일밖에 모르시는 분인 줄 알았어요.

①학생 때 공부를 정말 잘하셨대요.
②어머니가 피아노 학원 선생님이시래요.
③알면 알수록 매력 있는 분이신 것 같아요.
④성격도 화끈하셔서 같이 일하기 편해요.

ドリルで強化！⇒P.132～[対話文完成]

7 下線部の漢字と同じハングルで表記されるものを①〜④の中から１つ選びなさい。（１点）

構成

①公　②興　③球　④級

ドリルで強化！⇒P.136〜[漢字]

8 文章を読んで【問１】〜【問２】に答えなさい。（２点×２問）

스마트폰으로 인터넷도 할 수 있고 노래도 들을 수 있고 티비도 볼 수 있고 페이스북, 카톡 기타 등등 SNS도 할 수 있고 하니 공부를 하다가도 자꾸 스마트폰을 들여다보게 된다. 그러니 공부가 제대로 될 수가 없다. 이것은 직장인들도 마찬가지이다. 또 친구를 만나도 대화를 하지 않고 스마트폰만 들여다보는 사람들도 늘어났다. 이렇게 스마트폰에 중독된 사람은 남녀노소를 불문하고 늘어나고 있다. 우리가 티비를 바보상자라고 부르는데 스마트폰은 그보다 더 강한 바보상자일지도 모르겠다.

*)페이스북:フェイスブック、카톡:カカオトーク

【問１】 本文のタイトルとして最も適切なものを①〜④の中から１つ選びなさい。

①SNS의 기능과 효과

②학생들과 직장인들의 인터넷 사용률

③스마트폰 중독

④티비와 바보상자

【問２】本文の内容と一致するものを①～④の中から１つ選びなさい。

①어떤 휴대폰으로도 인터넷과 티비를 볼 수 있다.

②스마트폰은 편리하지만 한번 빠지면 다른 일에 집중할 수 없다.

③우리들은 언제, 어디서든지 스마트폰을 들여다봐도 된다.

④스마트폰으로 SNS를 하면 친구를 많이 사귈 수 있다.

ドリルで強化！⇒P.138～[読解]

9 対話文を読んで【問１】～【問２】に答えなさい。（２点×２問）

A：지민 씨 담배 많이 피우는데 건강을 위해서 될 수 있으면 담배를 끊어 보세요.

B：저도 끊으려고 노력을 하는데 담배 끊기가 쉽지 않았어요. 담배 대신에 사탕이나 과자를 먹어 봤는데 그렇게 해 봤자 소용이 없었어요.

A：저도 그랬어요. 그런데 몇 년 전에 폐가 아주 나빠졌다는 것을 알게 돼서 담배를 끊었어요.

B：그랬군요. 어떻게 하면 끊을 수 있을까요?

A：우선 주위 사람들의 도움이 있어야 돼요. 그리고 무엇보다도 꼭 담배를 끊겠다는 자신의 의지가 중요하지요. 강한 의지를

가지고 열심히 노력한다면 분명히 담배를 끊을 수 있을 거예요.

【問１】対話文の中で‘담배’を断つための方法ではないものを①～④の中から選びなさい。

①주위의 친구나 가족에게 도움을 받는다.
②담배 대신에 다른 것을 먹어 본다.
③전자 담배를 피워 본다.
④담배를 끊겠다는 강한 의지를 가진다.

【問２】対話文の内容から分かることを①～④の中から１つ選びなさい。

①담배를 조금 피우는 것은 건강에 나쁘지 않다.
②담배 대신 먹을 것만 있으면 누구든지 끊을 수 있다.
③담배는 본인의 의지와 주위 사람들의 도움 없이는 끊기 힘들다.
④담배를 끊고 싶으면 건강에 관심을 가져야 한다.

ドリルで強化！⇒P.138～[読解]

10 文章を読んで【問１】～【問２】に答えなさい。(２点×２問)

출근 준비하던 남편이 오늘 자기 어머니 생신이니까 밖에서 어머니랑 같이 식사하자고 했다. (A)사실 그날은 결혼기념일이라서 내심 기대하고 있었는데 남편이 잊어버린 건지 알 수가 없었다. (B)그런 남편의 행동에 항상 불만이었다. (C)저녁 레스토랑에서 만난 남편은 식사를 하면서 어머니에게 준비한 선물을 드렸다. (D)집에 돌아온 나는 남편에게 짜증을 냈고 다음 날까지 우울한 기분으로 지냈다. 자기 어머니의 생신은 음력인데도 잊지 않고 챙기면서 결혼기념일은 신경도 안 쓰고 잊어버린 남편에게 서운한 마음이 들었다. 다음 날 저녁 회사에서 돌아온 남편은 장미꽃과 케이크를 주면서 “나랑 사느라 고생 많지?” 하고 웃었다. 남편은 다음 날을 결혼기념일로 착각했단다. 거짓말인 줄 알면서도 믿어 주기로 했다.

【問１】本文では「연애할 때는 다정하고 믿음직스런 사람이었는데 결혼하니 내 편을 한 번 들어준 적이 없다.」という文が抜けています。この文が入る位置として、最も適切なものを①～④の中から１つ選びなさい。

①（A）　②（B）　③（C）　④（D）

【問２】다음 날까지 우울한 기분으로 지냈다と言った理由を①～④の中から１つ選びなさい。

①시어머니 생신 선물을 준비하지 못해서
②시어머니랑 같이 식사하자고 해서
③남편이 결혼기념일을 잊어버려서
④남편이 내 편을 들어주지 않아서

ドリルで強化！⇒P.138～[読解]

11 下線部の日本語訳として適切なものを①～④の中から１つ選びなさい。（２点）

제가 찬밥 더운밥 가릴 때가 아니에요. 어디든지 괜찮으니까 일자리를 소개해 주세요.

①やる気満々です
②ぜいたくなんか言っている場合ではありません
③能力がありません
④できることが何もありません

ドリルで強化！⇒P.138～[読解]

12 下線部の訳として適切なものを①～④の中から１つ選びなさい。（２点）

血は争えないというが、成長すればするほどお父さんにそっくりです。

①피는 싸울 수 없다고　②피는 말할 수 없다고
③피는 잘 모른다고　④피는 못 속인다고

ドリルで強化！⇒P.142～[訳文]

プチ模擬試験 解答

聞き取り問題

1 正解：③

音声

남편이 자기 부인을 부르는 말입니다.

①처가　②제수　③마누라　④남매

夫が自分の妻のことを呼ぶ言葉です。
①妻の実家　②（兄の立場から）弟の妻、弟嫁
③妻、女房　④男女のきょうだい（＝兄妹・姉弟）

Point 「妻、女房」は、**마누라**の他に**아내**、**처**、**집사람**、**와이프**、**부인**などの表現があり「夫、旦那」には**남편**、**서방（님）**、**바깥양반**などの言葉を使います。

2 正解：③

音声

남：지난달부터 월급이 인상되었다면서요? 좋겠네요.
여：월급에 비해서 물가가 더 많이 올랐기 때문에 결국 줄어든 거나 마찬가지예요.

男：先月から月給が上がったんですって？　いいですね。
女：月給と比べて物価の方がもっと上がったので、結局（月給が）減ったも同然です。
①先月から物価が上がった。
②男性は月給が上がってうれしい。
③月給が上がっても女性はあまりうれしくない。
④今月から男性も女性も月給が上がる予定だ。

3 正解：②

音声

남：아드님이 결혼해서 며느리가 들어오니까 기쁘시지요?
여：（　　　　　　　　　　）.

①기쁘냐니요? 정말 꿈만 같아요
②기쁘고말고요. 더 이상 바랄 게 없어요
③기쁘다니까요. 저도 이제 장모가 됐어요
④기쁘답니다. 친정에 자주 와서 얼굴 봤으면 좋겠어요

男:息子さんが結婚してお嫁さんが来たからうれしいでしょう?
女:(　　　　　　　　　　　　)。
①うれしいかですって?　夢みたいですよ
②うれしいですとも。これ以上何も望みません
③うれしいんですってば。私もこれで婿ができました
④うれしいです。実家にしょっちゅう来て顔を見せてくれたらいいです

Point ①**-냐니요?**(~かですって?)は、相手から聞かれたことに対して「そんなことを聞くなんて」と反発するようなニュアンスが込められ、続く内容は一般的にネガティブな内容になるため、「夢のようだ」と言っているこの文は不自然です。**기쁘냐고요? 정말 꿈만 같아요.**でしたら正解になりえます。また、**기쁘냐니요? 아무리 반대해도 결혼하겠다는데 기쁠 리가 있겠어요?**(うれしいかですって?　いくら反対しても結婚すると言うんだから、うれしいわけがないですよ)のような表現でしたら、会話が成立します。③の**장모**は夫側から見た妻の母を指す呼称。**장모가 됐다**(**장모**になった)とはつまり、「婿ができた」「義理の息子ができた」ことを意味します。④の**친정**は結婚した女性の実家。話題の対象は女性の息子なので、使い方が正しくありません。**시댁**(夫の実家)、**시아버지**(夫の父)、**시어머니**(夫の母)、**친정**(妻の実家)、**장인**(妻の父)、**장모**(妻の母)などの単語を整理して覚えましょう。

4 正解:④

音声

어젯밤 11시 50분쯤 서울 강남구 신사동의 한 레스토랑에서 불이 나 근처의 가게 3개를 거의 태우고 8천여만 원의 재산 피해를 냈습니다. 불은 현장에 달려온 소방관들에 의해 30여분 만에 꺼졌고, 화재 당시 문을 연 가게가 많지 않아서 다친 사람은 없다고 합니다.

昨夜11時50分ごろ、ソウル江南区新沙洞のあるレストランで火災が発生し、付近の店3軒がほぼ焼け、8千万ウォンあまりの財産被害を出しました。火は現場に駆け付けた消防士たちによって30分あまりで消し止められ、火災当

時、営業中の店が多くなかったため、けが人はいないそうです。
①おととい新沙洞のあるレストランで火災が発生した。
②火災で３人がけがをし、財産被害を出した。
③火は１時間で消し止められた。
④火災のために付近の店舗にまで被害が及んだ。

5 【問1】正解：②

音声

동네에 있는 작은 경찰서입니다. 뭔가 사고나 문제가 났을 때 찾아갑니다. 여행 중에 길을 잘 모를 때 물어보면 길을 가르쳐 줍니다.
①근방　②파출소　③소방서　④시가지

町内にある小さい警察署です。何か事故や問題が起きた時に訪ねます。旅行中、道がよく分からない時に聞くと、道を教えてくれます。
①近所　②派出所　③消防署　④市街地

筆記問題

1 正解：③

掃除をするために窓を開けたいのですが、開けられません。
Point 못＋열겠어요の発音は、못[몯]の次に여が来るのでㄴが添加され(ㄴ挿入)、못 열겠어요→[몯＋ㄴ＋열게써요]→[몯＋녈게써요]→[몬녈게써요]となります。

2 正解：②

昨日から降っていた雨がやんで、空にはきれいな（　　　）がかかった。
①雑草　②虹　③ツバメ　④太平洋
Point 무지개가 뜨다は「虹がかかる」「虹が出る」。뜨다には①「(目を)開く」②「浮かぶ、昇る」③「離れる、去る」などの意味があります。

3 正解：②

いざ人の前で(　　　)、緊張して何も思い浮かばない。
①話をしていたので　②話をしようとしたら

③話をしたせいで　④話をしていたが

4 正解：①

あの人はどんな難題でも朝飯前に解決する。

①簡単に　②逆に　③何度も何度も　④一刀両断に

Point **식은 죽 먹듯**は、直訳すると「冷めたおかゆを食べるように」で、「朝飯前(だ)」「非常にたやすいこと」「楽勝(だ)」という表現になります。

5 正解：③

①へそ　②使い道　③雷　④炎、花火

Point 正解の選択肢を入れた文はそれぞれ、**공부 안 하고 게임만 하다가 아버지한테서 (③벼락)이 떨어졌어요**(勉強はしないでゲームばかりして父から大目玉を食らった)、**모레가 시험인데 공부를 안 해서 오늘 밤부터 (③벼락)치기 공부를 해야 돼요**(あさってが試験なのに勉強をしていなくて、今夜から一夜漬けしなければなりません)、**옛날에는 가난했지만 복권에 당첨되어 (③벼락)부자가 된 거래요**(昔は貧乏だったけど、宝くじに当せんして成金になったんだそうです)となります。**벼락이 떨어지다**は①「罰が当たる、ひどい目に遭う」②「大目玉を食らう、雷を落とされる」で、**벼락치기 공부**は「一夜漬けの勉強」、**벼락부자**は「成金、成り上がり」です。

6 正解：③

A：うちの課長、バイオリンにピアノ、ギターまで弾けるそうです。

B：(　　　　　　　　　　　　　　)

A：そうなんですよ。最初は仕事しか知らない方だって思いました。

①学生の時に勉強がとてもできたそうです。

②お母さんがピアノ教室の先生だそうです。

③知れば知るほど魅力的な方だと思います。

④性格もさっぱりしていて一緒に働きやすいです。

Point 人の意外な一面について話している会話です。

7 正解：③

構成＝구성
①公＝공　②興＝흥　③球＝구　④級＝급
Point 구と表記する漢字はその他に「区」「究」「口」「購」「救」「具」「求」などが、공と表記される漢字は「共」「攻」「空」「工」など、급には「急」「給」「及」などがあります。

8 　スマートフォンでインターネットもでき、歌も聞け、テレビも見られて、フェイスブック、カカオトークなどのSNSもできるので、勉強中にしょっちゅうスマートフォンをのぞくようになる。だから勉強がちゃんとできない。これは会社員たちも同じだ。また、友達に会っても会話をせずスマートフォンばかり見ている人たちも増えた。このようにスマートフォンにはまっている人は、老若男女問わず増えている。テレビは"ばか箱"と言われるが、スマートフォンはそれよりもっと強力なばか箱かもしれない。

【問１】正解：③

①SNSの機能と効果　②学生たちと会社員たちのインターネット使用率
③スマートフォン中毒　④テレビとばか箱
Point スマートフォンの普及による長所、短所を話している文です。とても便利だけれど、はまり過ぎると良くない面もあること、実際はまる人が増えていることを説明しています。중독(中毒)、중독되다(中毒になる)は、ある事柄に夢中になりやめられないことを表現します。

【問２】正解：②

①どんな携帯電話でもインターネットとテレビが見られる。
②スマートフォンは便利だが、一度はまると他のことに集中できない。
③私たちは、いつどこでスマートフォンを見ても構わない。
④スマートフォンでSNSをやると、友達をたくさん作れる。

9 A：ジミンさん、たばこをたくさん吸っていますけど、健康のためにできればたばこをやめたらどうですか？
B：私もやめようと努力をしているんですが、たばこをやめるのは簡単ではありませんでした。たばこの(を吸う)代わりにあめやお菓子を食べてみたんですが、それも無駄でした。

A：私もそうでした。でも数年前に肺がとても悪くなったということを知り、たばこをやめました。

B：そうだったんですね。どうすればやめられるんでしょうか？

A：まず周りの人の助けが必要です。そして、何よりも絶対にたばこをやめるという自分の意志が重要です。強い意志を持って頑張って努力すれば、必ずたばこをやめられると思います。

【問１】正解：③

①周りの友達や家族に手助けしてもらう。

②たばこの(を吸う)代わりに違う物を食べてみる。

③電子たばこを吸ってみる。

④たばこをやめるという強い意志を持つ。

Point 本文では電子たばこについては触れていません。

【問２】正解：③

①たばこを少し吸うのは健康に悪くない。

②たばこの代わりに食べる物さえあれば、誰でもやめられる。

③たばこは本人の意志と周囲の人たちの助けなしにはやめるのが大変だ。

④たばこをやめたければ健康に関心を持つべきだ。

Point たばこをやめるのは、本人の意志と周囲の協力とがあってこそ実現できるという内容です。

10　出勤の準備をしていた夫が、今日は自分のお母さんの誕生日だから外でお母さんと一緒に食事をしようと言った。(A)実はその日は結婚記念日だったので、内心期待していたのだが、夫は忘れているのかどうなのか。(B)そのような夫の行動にいつも不満だった。(C)夕方、レストランで会った夫は、食事をしながらお母さんに用意してきたプレゼントをあげた。(D)家に帰ってきた私は夫に腹を立て、翌日まで憂鬱な気分で過ごした。自分のお母さんの誕生日は陰暦でも忘れず祝うくせに、結婚記念日は気にも留めず忘れてしまった夫に寂しい気持ちになった。翌日の夕方、会社から帰ってきた夫はバラの花とケーキを渡しながら「僕と暮らして苦労が多いだろう？」と言って笑った。夫は次の日が結婚記念日だと勘違いしていたそうだ。うそだと分かっていても信じてあげることにした。

【問１】正解：②

抜けている文：付き合っていた頃は優しくて頼もしい人だったのに、結婚してからは一度も私の肩を持ってくれたことがない。

Point 本文から抜けている文は、結婚してからの不満を込めている内容なので、**그런 남편의 행동에 항상 불만이었다**(そのような夫の行動にいつも不満だった)の前が最もふさわしいです。

【問２】正解：③

①お義母さんの誕生日プレゼントを用意できなかったので
②お義母さんと一緒に食事をしようと言ったので
③夫が結婚記念日を忘れたので
④夫が私の肩を持ってくれなかったので

Point 夫にとっての**어머니**(母)は、この文の書き手である妻にとっての「お義母さん」になります。また、妻の立場で義理の母を**시어머니**と言いますが、日常会話や一般的な文章では、通常、単に**어머니**と呼ぶことが多いです。韓国では、人によっては陰暦で誕生日を祝うため、その場合は毎年(西暦での)日付が変わることになります。夫はそれをきちんとチェックして自分の母親の誕生日を祝うのに、日付が決まっている結婚記念日を忘れてしまったことを妻が寂しく感じたという内容です。

11 正解：②

私がぜいたくなんか言っている場合ではありません。どこでもいいので仕事先を紹介してください。

Point **찬밥 더운밥을 가리다**は、直訳すると「冷や飯か温かい飯かを選ぶ(選り好みする)」の意味で、「ぜいたくを言う」という表現です。

12 正解：④

Point 「血は争えないというが、成長すればするほどお父さんにそっくりです」は**피는 못 속인다고 크면 클수록 아버지랑 똑같아요**と訳します。「血

は争えない」は**피는 못 속이다**で、他に**피**を使った表現には、**피가 되고 살이 되다**(①<食べ物が>よく吸収されて栄養となる ②<学んだ知識・経験などが>身に付いて将来に役立つようになる)、**피도 눈물도 없다**(血も涙もない)、**피땀을 흘리다**(血と汗を流す、汗水流す)、**피를 나누다**(血を分ける)、**피를 보다**(①血を見る、血の雨を降らす ②損をする)などがあります。

必ず押さえよう！ 準2級必修項目

準2級必修項目① 発音変化

学習日
（ / ）

準２級の出題範囲に加わるのは、ㄴ挿入とそれによる鼻音化、流音化です。３級レベルで学習した単語間の連音化なども出題頻度が高いので、しっかり確認しておきましょう。

ㄴ挿入

①２つの単語からなる１つの合成語や語句の場合、後ろの語が**이、야、여、요、유、애、예**で始まる時には、その直前に「ㄴ」が挿入される。

무슨 요일→[무슨＋ㄴ＋요일]→[무슨뇨일]何曜日
담요→[담＋ㄴ＋요]→[담뇨]毛布
식용유→[시공＋ㄴ＋유]→[시공뉴]食用油

②ㄴ挿入による鼻音化。

꽃잎→[꼳＋ㄴ＋입]→[꼳＋닙]→[꼰닙]花びら
색연필→[색＋ㄴ＋연필]→[색＋년필]→[생년필]色鉛筆
못 열어요→[몯＋ㄴ＋여러요]→[몯＋녀러요]→[몬녀러요]開けられません
종착역→[종착＋ㄴ＋역]→[종착＋녁]→[종창녁]終着駅

③ㄴ挿入による流音化。

볼일→[볼＋ㄴ＋일]→[볼＋닐]→[볼릴]用事
일일이→[일＋ㄴ＋이리]→[일＋니리]→[일리리]いちいち
서울역→[서울＋ㄴ＋역]→[서울＋녁]→[서울력]ソウル駅
스물여섯→[스물＋ㄴ＋여섣]→[스물＋녀섣]→[스물려섣]二十六

準2級必修項目❷ 漢字

韓国語の漢字音は原則として1字1音ですので、以下の表でハングル表記を確認してください。ただし、漢字によっては語頭と語中で発音が変わるものもありますので、注意してください。

가	家、歌、加、仮、価、街、暇、可
간	間、簡、幹、看、刊
강	講、強、康
거	拒、拠、距
건	建、乾
견	見、遣
결	欠、決、結、潔、訣
고	苦、古、固、孤、故、庫、雇、顧、稿、考、高、告
곤	困、昆
과	過、果、誇、科、菓
광	光、広
괴	怪、壊
교	校、教、交、郊
국	国、局
군	軍、君
궁	宮、窮
권	権、圏、巻、勧
귀	貴、帰
극	極、克、劇
근	近、勤、根、筋
금	今、金、禁
기	器、技、気、寄、起、記、祈、紀、期、奇、既、機、基、企、旗、欺、棋、汽
난	暖、難
내	内

년	年 ＊語頭では연
념	念 ＊語頭では염
노	努
당	当、堂
대	代、大、対、待、隊、帯、台
락	落、楽 ＊語頭では낙(楽は악とも)
란	乱 ＊語頭では난
랑	朗、浪 ＊語頭では낭
략	略 ＊語頭では약
량	良、糧、量 ＊語頭では양
래	来 ＊語頭では내
려	旅 ＊語頭では여
력	歴、力、暦 ＊語頭では역
련	連、練、恋 ＊語頭では연
렬	熱、列、裂 ＊語頭では열
령	領、零 ＊語頭では영
례	礼、例 ＊語頭では예
로	労、老、路、露 ＊語頭では노
록	緑、録 ＊語頭では녹
론	論 ＊語頭では논
료	了、療、僚、料 ＊語頭では요
류	流、留、類 ＊語頭では유
륙	陸 ＊語頭では육
리	理、利、離、履 ＊語頭では이
림	臨 ＊語頭では임
립	立 ＊語頭では입

마	麻、摩
막	漠、幕
만	万、漫
망	亡、望
매	魅、媒、昧、妹
면	面、免、眠
명	明、名、命
모	矛、募、母、模、帽
목	目、牧
문	文、門、問、聞
미	微、未、味
박	朴、迫、拍
반	半、反、返、搬、般、盤
발	発、髪
방	放、房、訪、方、防、肪、妨
배	背、配、賠、杯
번	番、翻
벌	閥、罰
범	犯、範、凡
변	変、弁、便 *便は편とも
병	病、瓶
복	復、福、服、複
부	附、部、不、負、否、婦、父、腐 *不は불とも
불	仏、不 *不は부とも
비	卑、秘、悲、非、比、備、費、痺、飛
산	酸、産、算、傘
색	索、色
석	石、席、析、釈
선	先、宣、船、選、扇、善、線、鮮
설	設、説
세	税、勢、洗、世、歳
속	速、俗、続、属
손	損、遜

숙	宿
순	盾、順、純、旬、瞬
술	述、術
습	湿、習
식	食、式、識
실	実、失、室
심	審、深、心
악	悪、楽、握 *楽は락とも
안	眼、安、顔、案、岸
애	愛、曖
액	液、額
야	夜、野
약	約、弱、躍、薬、若
양	譲、養、様、洋、陽
어	漁、語
억	憶、億、抑
여	余、与
역	域、役、訳、駅、易 *易は이とも
연	燃、演、延、煙、然、縁、研
염	染
영	栄、映、営、英、永、影
예	予、芸
오	娯、汚、誤、悟、午
옥	屋、獄、玉
왕	往、王
요	要、謡、曜
욕	欲、浴
용	容、用
우	優、郵、偶、憂、友、宇、遇、牛
원	原、願、源、元、遠、援、院、員、園
월	月
위	危、偉、慰、威、位、為、違、委
유	柔、有、由、幼、唯、喩、油、乳、裕、遊、維

육	肉、育
은	恩、銀、隠
음	陰、音、飲
의	意、依、衣、医、議、儀、義、宜、椅、疑
이	移、易、以 *易は역とも
인	人、印、認、因
일	一、日、逸
임	任、妊、賃
입	入
작	作、昨
저	著、貯、抵、躇
적	赤、適、的、籍、跡、積、績
전	電、典、殿、展、伝、戦、全、前、専、転
절	絶、節
점	点、店
존	尊、存
종	終、従、種、宗、綜、鐘
좌	座、左
직	直、職
진	診、進、真、震、津
질	秩、質
집	集、執
착	錯、着
찰	札、察、擦
채	採、菜
천	天、千、薦
철	鉄、撤、哲
청	聴、請、清、青、庁
체	体、滞、逮
촉	促、触
최	最、催
추	追、推

축	縮、祝、築、蓄
충	忠、衝、虫、充
측	側、測
치	歯、治、置、稚、致、値
탁	託、卓
태	太、態
토	土、討
통	統、通、痛
투	透、闘、投
파	派、破、把、波
판	判、版、板
편	鞭、編、便、片 *便は변とも
평	平、評
폐	廃、幣、閉
포	包、胞、捕
폭	暴、爆、幅
표	表、標、票
피	疲、避、被、皮
필	筆、必
하	下、賀、夏
항	航、項、抗、港
행	行、幸
향	向、香、郷、響
허	許、虚
현	玄、現
협	協、脅
호	好、呼、護、弧、号
혼	混、婚
홍	洪、紅
화	火、話、化、和、靴、貨、画 *画は획とも
회	会、悔
획	画 *화とも
후	候、後
휘	揮、彙

準2級必修項目❸ 助詞

学習日 （ / ）

準２級レベルで習得すべき助詞の一覧です。例文と共に用法を確認してください。

助詞 ✓CHECK 1 2	例文
□□ **가/이** ①【-지가 않다の形で】～ではない、～しはしない ②【부터가の形で】～からして ③（<引用元>が言う）～に（は）	①**처음 만났지만 왠지 낯설지가 않다.** 初めて会ったが、なぜか初めて会った気がしない。 ②**그 사고방식부터가 잘못됐어.** その考え方からして間違っている。 ③**친구가 하는 말이, 날 못 믿겠대.** 友達が言うには、僕のこと信用できないって。
□□ **거나** 【-다/ㄴ다/는다/(이)라/(으)라+거나の形で】～だとか、～したりとか	**아이한테 아무리 공부하라거나 일찍 자라거나 해도 소용이 없어요.** 子どもにいくら勉強しろとか早く寝ろとか言っても無駄です。
□□ **(이)고** ①【(이)고 (이)고 (간에)の形で】～であれ～であれ、～も～も ②～でも～でも	①**상사고 동료고 간에 하나같이 출세에 눈이 멀었어요.** 上司であれ、同僚であれ、みんな出世に目がくらんでいます。 ②**너무 배가 고파서 식은 밥이고 빵이고 아무거나 다 먹을 수 있어요.** おなかがすきすぎて、冷や飯でもパンでも何でも食べられます。
□□ **는/은커녕** [類]**커녕** ～どころか、～はおろか	**과외는커녕 제대로 학원에 다녀 본 적도 없다.** 家庭教師どころか、まともに塾に通ったこともない。
□□ **더러** (人)～に、～に向かって、～に対して	**나더러 지금 다이어트를 하라는 말이에요?** 今、私にダイエットをしろということですか？

□□ (이)든가 ①〜でも ②【(이)든가 (이)든가 (간에)の形で】〜でも〜でも、〜か〜か ③【-다/ㄴ다/는다/(이)라/(으)라+든가の形で】〜だとか	①**어떤 드라마든가 처음부터 보면 나름대로 재미있어요.** どんなドラマでも、最初から見るとそれなりに面白いです。 ②**가방이든가 옷이든가 좋은 걸로 하나만 골라 봐.** かばんでも服でも、好きな物を一つだけ選んでみて。 ③**나더러 이걸 하라든가 저걸 하라든가 상관하지 마세요.** 私にこれをやれとか、あれをやれとか、干渉しないでください。
□□ 따라 〜に限って	**오늘따라 왜 이렇게 다정하세요?** 今日に限って、なぜこんなに優しいんですか?
□□ ㄹ더러 (人)〜に、〜に向かって、〜に対して	**날더러 갑자기 중국어를 배우라니.** 私にいきなり中国語を習えとは。
□□ (으)로부터 〜から、〜より	**외국에 사는 친구로부터 오랜만에 편지를 받았어요.** 外国に住んでいる友達から、久しぶりに手紙をもらいました。
□□ 를/을 ①【-지를 않다の形で】〜ではない、〜しはしない ②【副詞や用言の接続形に付いて強調したり語調を整えたりする】 ③【말하기를、생각하기를の形で】〜するに(は)	①**밤새 숙제를 해도 끝나지를 않는다.** 徹夜で宿題をしても終わりはしない。 ②**입이 헐어서 아무것도 먹지를 못한다.** 口内炎で(口がただれて)何も食べられない。 ③**선생님이 말씀하시기를 지금이 가장 중요한 시기니까 열심히 공부하래.** 先生がおっしゃるには、今が一番大事な時期なので、一生懸命勉強しなさいって。
□□ 마저 〜まで(も)、〜さえ(も)	**너마저 유학을 가 버리면 나 혼자 어떻게 학교에 다녀.** 君まで留学に行ってしまったら、私一人でどうやって学校に通うんだ。

□□ **만치** [類]**만큼** ～ほど、～くらい	**형만치 공부를 잘하고 싶지만 좀처럼 쉽지 않아요.** 兄くらい勉強ができるようになりたいが、なかなか難しいです。
□□ **만치도** [類]**만큼도** ①【없다、모르다などの否定表現と共に用いられ】～も(ない) ②～でも	①**지금 회사를 그만둘 생각은 티끌만치도 없다.** 今、会社を辞めるつもりはまったくない。 ②**한 시간만치도 시간 내기가 힘들다.** 1時間でも時間をつくるのが難しい。
□□**(이)며** 【(이)며 (이)며の形で】～や(ら)～や(ら)、～(だ)とか～(だ)とか、～に～に	**회사 회식에서 술이며 고기며 많이 먹었어요.** 会社の飲み会で、お酒やらお肉やらたくさん食べ(飲み)ました。
□□ **보고** (人)～に、～に向かって、～に対して	**나보고 이걸 다 하라는 거야?** 私にこれを全部やれということ?
□□ **아/(이)야** 【呼び掛け】～君、～ちゃん、～よ、～や	**민영아, 같이 강아지 산책 안 갈래?** ミニョン、一緒に子犬の散歩に行かない? **수아야, 자존심 그만 세우고 내 말 들어.** スア、もうプライドは捨てて私の言うことを聞いて。
□□ **에게로** [類]**한테로** (人・動物)～に、～のところに ※書き言葉的	**친구가 양보해 준 덕분에 장학금이 나에게로 돌아왔다.** 友達が譲ってくれたおかげで、奨学金が私に回ってきた。
□□ **에게서나** [類]**한테서나** ①(人・動物)～からでも ※書き言葉的 ②(せいぜい/ようやく)～からだけ	①**누구에게서나 배울 점은 있다.** 誰からでも学ぶことはある。 ②**이건 직접 경험한 사람에게서나 들을 수 있는 얘기다.** これは自分で経験した人からだけ、聞ける話だ。

□□ **에로** ～に、～へ、～のところに	**지갑을 잃어버린 걸 알고 역 개찰구에로 다시 돌아갔다.** 財布をなくしたことに気付き、駅の改札口へまた戻った。
□□ **에서나** [縮]**서나** ①(場所)～ででも ②(場所)(せいぜい／ようやく)～でだけ ③(場所の起点)～からでも ④(場所の起点)(せいぜい／ようやく)～からだけ	①**이건 어디에서나 볼 수 있는 꽃이다.** これはどこででも見られる花だ。 ②**이런 일은 영화나 드라마에서나 볼 수 있는 장면이에요.** こんな事は映画やドラマでだけ見られる場面です。 ③**혹시 학교에서나 누가 와 줄지도 모르겠다.** ひょっとして学校からでも、誰か来てくれるかもしれない。 ④**이 공항에서나 출발해야 거기까지 갈 수 있다.** この空港から出発しないと、あそこまで行けない。
□□ **에서부터** [類]**서부터** ～から、～より	**어디에서부터 시작해야 될지 모르겠다.** どこから始めればいいか分からない。
□□ **조차** ～まで(も)、～さえ(も)、～(すら)も	**친구가 사기를 쳤다니 상상조차 못 했던 일이다.** 友達が詐欺を働いたなんて、想像すらできなかったことだ。
□□ **치고(는)** **치고서(는)** ①～ならば、～は全て ②～にしては、～のわりには	①**요즘 초등학생치고 이 노래를 모르는 아이는 없다.** 最近の小学生ならば、この歌を知らない子はいない。 ②**그 사람은 연예인치고서는 별로 개성이 없다.** あの人は芸能人のわりには、あまり個性がない。

STEP 2 準2級必修項目〈助詞〉

準2級必修項目④

語尾

学習日 (/)

準2級レベルで習得すべき語尾の一覧です。例文を確認しながら用法を覚えましょう。

語尾 ✓CHECK 1 2	例文
□□ -거든 ①～するなら／であるなら ②～するのにまして／であるのにまして	①누군가가 비위에 거슬리는 말을 하거든 참지 마세요. 誰かが気に障ることを言ったら、我慢しないでください。 ②아이도 잘못하면 사과하거든, 반성 좀 해. 子どもだって間違ったことをした時は謝るのに、ちょっと反省して。
□□ -게(요)? ～するのかい？／なのかい？、～するんだい？／なんだい？	아픈 친구 네가 바래다주게? 具合が悪い友達を君が送ってあげるのかい?
□□ -게끔 ～するように、～く、～に	알아듣게끔 제대로 설명해 보세요. 分かるようにちゃんと説明してみてください。
□□ -고(요)(?) ①～するか?、～するのか?／なのか?　※質問･抗弁 ②～しな、～してね	①이 늦은 시간에 어디 가냐고? こんなに遅い時間にどこに行くのかって? ②내 말 좀 들으라고. 私の言うことちょっと聞いてよ。
□□ -고는 ①～しては／では　※-고の強調 ②【-고 -고는の形で】～するかどうかは／であるかどうかは ③～してからは	①남한테 지고는 못 사는 성격이에요. 負けず嫌いな(人に負けては生きられない)性格です。

	②**회사 방침을 바꾸고 안 바꾸고는 이번 회의에서 정해질 것이다.** 会社の方針を変えるかどうかは、今度の会議で決まるだろう。 ③**복권에 당첨되고는 인생이 바뀌었다.** 宝くじに当選してからは人生が変わった。
□□ **-고도** ～していながらも／でありながらも	**결혼을 하고도 바람을 피우다니 정말 어쩔 수 없는 사람이다.** 結婚していながらも浮気をするとは、本当にどうしようもない人だ。
□□ **-고말고(요)** (もちろん)～するとも／だとも	**네 부탁인데 들어주고말고.** 君の頼みなのだから、聞いてあげるとも。
□□ **-고서** ～してから、～して	**약속만 하고서 지키지 않으면 아무 의미가 없어요.** 約束だけして守らないなら、何の意味もありません。
□□ **-고서는** ①～してから ②【-지 않고서는、-가/이 아니고서는などの形で】～しなくては／でなくては	①**군대에 다녀오고서는 사람이 많이 변했다.** 軍隊に行ってきてから、とても人が変わった。 ②**겪어 보지 않고서는 이해할 수 없을 거예요.** 経験してみなくては理解できないと思います。
□□ **-고서야** ①～してからやっと ②～しては／では	①**가게 앞에서 30분이나 기다리고서야 겨우 먹을 수 있었어요.** 店の前で30分待ってから、やっと食べることができました。 ②**책을 읽기만 하고서야 어떻게 공부가 되겠니?** 本を読むだけでは勉強にならない。
□□ **-고야** ①～してやっと ②～していては、～しては	①**모든 걸 털어놓고야 자신의 잘못을 인정했다.** 全てを明かして、やっと自分の過ちを認めた。 ②**얘기만 듣고야 어떤 사람인지 잘 모르겠어.** 話を聞くだけでは、どんな人なのかよく分からない。

□□ -고자 ～しようと	출발을 앞당기고자 일을 빨리 끝냈다. 出発を繰り上げようと、仕事を早く終わらせた。
□□ -구나, -는구나 ～するなあ／(だ)なあ	실제로 보니까 티비보다 더 날씬하고 예쁘구나. 実物はテレビよりもっとスリムできれいだなあ。
□□ -기로 ～することで／であることで	이번 대회에서 금메달을 땄기로 병역을 면제함. 今大会で金メダル取ったことで兵役を免除する。
□□ -기에 ～するので／なので、～するから／だから	너무 화가 나기에 친구한테 심한 말을 했다. あまりにも腹が立ったので、友達にひどいことを言った。
□□ -길래 ～するので／なので、～するから／だから	여동생이 뉘우치길래 용서해 주었다. 妹が反省していたので、許してあげた。
□□ -(으)ㄴ/는걸(요) ①～するね／(だ)ね、～するなあ／(だ)なあ ②～するのに／(な)のに	①아무리 생각해도 이해가 안 되는걸. いくら考えても理解できないな。 ②화장 안 해도 예쁜걸. 化粧しなくてもきれいなのに。
□□ -(으)ㄴ걸(요), -았/었는걸(요) ①～したね、～したよ ②～したのに	①왜 이렇게 늦었어? 영화 다 끝난걸. なぜこんなに遅れたの？　映画はもう終わったよ。 ②밖에서 먹자고? 저녁 준비 다 했는걸. 外で食べようって？　夕食の準備を全部終えたのに。
□□ -ㄴ/는다, -다 ～するよ、～するんだよ／(な)んだよ	나 먼저 밥 먹는다. 私、先にご飯食べるよ。
□□ -ㄴ/는다거나, -다거나, ～(이)라거나 ～するとか／(だ)とか	일이 바빠서 쉰다거나 친구를 만난다거나 할 여유가 없다. 仕事が忙しくて、休むとか友達に会うとかする余裕がない。

□□ **-ㄴ/는다니까(요), -다니까(요), ~(이)라니까(요)** ～するってば、～するんだって	**그 집 요리 정말 맛있다니까.** あの店の料理、本当においしいってば。
□□ **-ㄴ/는다든가, -다든가, ~(이)라든가** 【主に-ㄴ다든가 -ㄴ다든가の形で】～するなり～するなり、～したり～したり	**주말에는 골프를 친다든가 테니스를 친다든가 해요.** 週末はゴルフをしたりテニスをしたりします。
□□ **-ㄴ/는다든지, -다든지, ~(이)라든지** 【主に-ㄴ다든지 -ㄴ다든지の形で】～するなり～するなり、～したり～したり、～(だ)とか～(だ)とか	**복숭아라든지 자몽이라든지 과일 정말 좋아해요.** 桃とかグレープフルーツとか、果物が大好きです。
□□ **-ㄴ/는다면서(요)?, -다면서(요)?, ~(이)라면서(요)?, -ㄴ/는다며?, -다며?, ~(이)라며?** ～するんだって？	**당일치기로 여행 간다면서?** 日帰りで旅行に行くんだって？ **이 요리 너무 느끼하다면서요?** この料理とても脂っこいんですって？ **이 요리의 메인 재료가 도토리라면서?** この料理のメイン材料がドングリなんだって？
□□ **-ㄴ/는다면야, -다면야, ~(이)라면야** ～すると言うなら／(だ)と言うなら ※-ㄴ다면の強調	**가족들이 맛있게 먹어 준다면야 매일 열심히 요리하겠습니다.** 家族みんながおいしく食べてくれると言うなら、毎日一生懸命料理します。
□□ **-ㄴ/는다지(요)?, -다지(요)?, ~(이)라지(요)?** ～するんだろ？、～するんだって？	**아직도 엄마가 아침마다 깨워 준다지?** 今もお母さんが毎朝起こしてくれるんだって？
□□ **-ㄴ/는단다, -단다, ~(이)란다** ～するんだよ	**우리 집에서 다양한 꽃들을 키운단다.** うちでさまざまな花を育てているんだよ。 **우리 강아지 정말 귀엽단다.** うちの子犬は本当にかわいいんだよ。 **얘랑 나랑 동갑이란다.** この子と私は同い年なんだよ。

□□ -ㄴ/는답니다, -답니다, ~(이)랍니다 ～するんですよ、～なんですよ	**다음 주에 이사하기 때문에 매일 밤 짐을 꾸린답니다.** 来週引っ越すので、毎晩荷造りをしているんですよ。 **우리 부모님은 정말 부지런하시답니다.** うちの両親は本当にまじめなんですよ。 **그 가수의 매니저는 자기 형이랍니다.** あの歌手のマネージャーは自分の兄なんですよ。
□□ -(으)나 ①～するが／だが ②【-(으)나 -(으)나の形で】～しても～しても、～でも～でも	**①나이는 어리나 속이 깊은 사람이에요.** 年は若いが、思慮深い人です。 **②비가 오나 눈이 오나 매일 강아지 산책을 나간다.** 雨が降ろうが雪が降ろうが、毎日犬の散歩に出掛ける。
□□ -(으)냐, -느냐? ①～するのか／(な)のか、～するのかね／(な)のかね ②～するのかと／(な)のかと	**①이번 시험 왜 이렇게 까다로우냐?** 今回の試験は、なぜこんなにややこしいんだ？ **②길이 미끄러우냐 물었어요.** 道が滑るのかと聞きました。
□□ -(으)냐니, -느냐니 ～するのかって／(な)のかって？	**일 하는 게 귀찮으냐니?** 働くのが面倒かって？ **왜 사냐니?** なぜ生きているのかって？
□□ -(으)냐니까(요), -느냐니까(요) ～(な)のかってば、～するのかってば	**뭐가 괴로우냐니까.** 何が苦しいのかってば。 **왜 회사를 관두느냐니까.** なぜ会社を辞めるのかってば。
□□ -(으)냐든가, -느냐든가 【主に -(으)냐/느냐든가 -(으)냐/느냐든가の形で】～(な)のかとか～(な)のかとか、～するのかとか～するのかとか	**무슨 요리 좋아하느냐든가 무슨 노래 좋아하느냐든가 요새 넘 귀찮게 물어본다.** 何の料理が好きなのかとか、何の歌が好きなのかとか、最近しつこく聞いてくる。

□□ -(으)냐든지, -느냐든지 【主に-(으)냐/느냐든지 -(으)냐/느냐든지の形で】～(な)のかとか～(な)のかとか、～するのかとか～するのかとか	**후배가 예쁘냐든지 날씬하냐든지 외모밖에 안 물어본다.** 後輩がかわいいのかとか、すらっとしているのかとか、外見のことしか聞かない。
□□ -(으)냡니까?, -느냡니까? ～(な)のかと言っているのですか?、～するかと言っているのですか?	**왜 화가 났느냡니까?** なぜ怒っているのかと言っているのですか?
□□ -(으)냡니다, -느냡니다 ～(な)のかと言っています、～するかと言っています	**왜 자기들 싸움에 끼어드느냡니다.** なぜ自分たちのけんかに割り込むのかと言っています。
□□ -(으)내(요)?, -느내(요)? ～するのかって(?)	**반에서 누가 제일 믿음직스럽내?** クラスで誰が一番頼もしいかって?
□□ -느니, -느니보다는 ～するよりは	**내가 요리를 하느니 밖에서 사 먹는 게 훨씬 맛있을 거예요.** 私が料理をするよりは、外食の方がずっとおいしいと思います。
□□ -느라고 ～することによって、～するため、～するのに、～ので	**밤새 공부하느라고 한숨도 못 잤어요.** 徹夜で勉強したので、一睡もできませんでした。
□□ -(으)ㄴ/는데도 ～するのに/なのに	**열심히 공부하는데도 성적이 안 올라요.** 一生懸命勉強しているのに成績が上がりません。
□□ -니? ～するのかい/なのかい?、～するの/なの?	**면접 시험을 앞두고 조금 긴장되니?** 面接試験を目前にして、少し緊張しているの?
□□ -(으)니까는, -(으)니깐 ①～するから/だから、～するのだ/なのだ ②～すると、～したら ※-(으)니까の強調	**①잘못을 했으니깐 네가 먼저 사과를 해야지.** 間違ったことをしたら、君が先に謝らなくちゃ。 **②몇 번 보니까는 나쁜 사람은 아닌 것 같다.** 何回か会ってみたら、悪い人ではなさそうだ。

STEP 2 準2級必修項目〈語尾〉

□□ -다니 ～するとは／だとは、～するなんて／だなんて	**그런 일로 사람을 깔보다니 정말 실망이에요.** そんなことで人を見くびるとは、本当にがっかりです。
□□ -다니(요)? ～(する)だって？、～(だ)って？	**갑자기 유학을 늦추다니요? 대체 왜요?** 突然留学を延期するだって？　いったいどうしてですか？ **그 사람이 게으르다니? 얼마나 부지런한 사람인데.** あの人が怠けているだって？　とても勤勉な人なのに。
□□ -다시피 ～する通り、～の通り	**아시다시피 전 운동하고는 거리가 먼 사람이에요.** ご存じの通り、私は運動とは縁遠い人です。
□□ -더구나 ～していたなあ／だったなあ	**오랜만에 학교 선배를 길에서 봤는데 여전히 멋지더구나.** 久しぶりに学校の先輩を道で見掛けたけど、相変わらずかっこよかったなあ。
□□ -더군(요) ～していたなあ／だったなあ	**졸업하고 오랜만에 학교에 갔는데 많이 변했더군.** 卒業して久しぶりに学校に行ったが、だいぶ変わっていたなあ。
□□ -더냐? ～していたか？／だったか？	**학생 때 주말마다 야구만 하고, 그렇게 야구가 좋더냐?** 学生時代は毎週末野球ばかりやっていて、そんなに野球が好きだったのか？
□□ -더니, -았/었더니 ①～していたが／だったが、～していると ②～していたので ③【-았/었더니の形で】～すると、～したら	**①언니는 그렇게 영어를 싫어하더니 지금은 영어 선생님이 됐다.** 姉は英語が大嫌いだったが、今は英語の先生になっている。 **②매일 공부만 하더니 드디어 시험에 합격했군요.** 毎日勉強ばかりしていたので、ついに試験に合格したんですね。 **③좋아하는 딸기도 매일 먹었더니 이제 질린다.** 好きなイチゴも毎日食べると飽き飽きする。

□□ -더니마는 ①～していたが／だったが、～していると ②～していたので ③【-았/었더니마는の形で】～すると、～したら	①**요새 자주 지각하더니마는 밤마다 늦게까지 공부했었구나.** 最近よく遅刻をしていたが、毎晩遅くまで勉強していたんだな。 ②**공부 안 하더니마는 결국 시험에 떨어졌다.** 勉強しなかったので、結局試験に落ちた。 ③**이 영화도 몇 번이나 봤더니마는 이제 재미없다.** この映画も何回も見たら、もう面白くない。
□□ -더라(?) ①～していたよ／だったよ(?) ②～するよ／だよ ③【疑問詞を伴い】～したっけ／だっけ?	①**나 없이 다들 즐거워 보이더라.** 私なしで、みんな楽しそうだったよ。 ②**그 애 미성년자더라.** あの子は未成年者だよ。 ③**그 배우 이름이 뭐더라?** あの俳優の名前は何だっけ?
□□ -더라고(요) ①～していたって／だったって ②～していたよ／だったよ	①**아이가 아파서 밥을 안 먹더라고 선생님이 걱정하셨어.** 子どもが具合が悪くてご飯を食べなかったって、先生が心配なさってた。 ②**영화 속에서 너무 연기를 잘하더라고요.** 映画の中での演技がとても上手でしたよ。
□□ -더라니까(요) ～していたってば／だったってば、～していたんだって／だったんだって	**다들 생각보다 몸집이 크더라니까.** みんな思ったより体格が大きかったんだってば。
□□ -더라도 ～しても／であっても	**못마땅하더라도 발표를 끝까지 들으세요.** 気に入らなくても、発表を最後まで聞いてください。
□□ -더라며? ～したんだって／だったんだって?	**그 아이가 친구의 가방을 뒤지더라며?** あの子が友達のかばんをあさったんだって?
□□ -더랍니까? ～していたのですか／だったのですか?	**누가 시키더랍니까?** 誰に頼まれたのですか?

□□ -**더랍니다** ～していたそうです／だったそうです	**너무 기뻐서 눈물을 흘리더랍니다.** うれしすぎて涙を流していたそうです。
□□ -**더래(요)(?)** ～していたって／だったって(?)	**만나 보니 생각보다 다정하더래.** 会ってみると、思ったより優しかったって。
□□ -**던가(요)?** ①～していたのか／だったのか？ ②～したかな／だったかな？	①**그 얘기를 듣고 망설이던가요?** その話を聞いてためらっていたのですか？ ②**거기가 어디던가?** あそこはどこだったかな？
□□ -**던걸(요)** ①～したね／だったね、～したなあ／だったなあ ②～したのに／だったのに	①**소문으로 들은 것보다 재미없던걸.** うわさで聞いたより面白くなかったなあ。 ②**이 영화, 나는 정말 재미있던걸 왜 인기가 없을까?** この映画、私は本当に面白かったのに、なぜ人気がないのだろうか？
□□ -**던데** ～していたが／だったが、～のに	**이 집은 사람들이 명란젓을 많이 먹던데 시킬까?** この店では明太子を食べている人が多かったんだけど、頼もうか？ **잘생겼던데 여자들한테 인기가 없네.** かっこいいのに、女性にモテないね。
□□ -**던데(요)(?)** ①～していたけど／だったけど？ ②～していたなあ／だったなあ、～したよ／だったよ　※感嘆	①**너 생각보다 노래 잘하던데?** 君は思ったより歌が上手だったけど？ ②**거기 경치 정말 아름답던데.** そこの景色は本当にきれいだったよ。
□□ -**던지** ①～したのか／だったのか(どうか) ②～したからか／だったからか	①**작년 언제쯤 갔던지 기억이 안 난다.** 去年のいつごろに行ったのか忘れた。 ②**얼마나 배고프던지 여동생 밥을 다 먹어 버렸다.** どれだけおなかがすいていたのか、妹のご飯を全部食べてしまった。

□□ -던지(요)? ～していたか／だったか？	합격한 게 그렇게 기쁘던지요? 合格したのがそんなにうれしかったですか？
□□ -든가, -든지, -든 ①～とか ②～しようが／だろうが	①공부를 계속 하든가 취직하든가 여러 가지 방법이 있어요. 勉強を続けるとか就職するとか、いろいろな方法があります。 ②네가 어디서 뭘 하든지 항상 응원할게. 君がどこで何をしようが、いつも応援するよ。
□□ -(으)ㄹ걸(요) ～(する)だろう	내일은 많이 추울걸. 明日はとても寒いだろう。
□□ -(으)ㄹ걸 【主に独り言で】～すればよかった(のに)	표가 다 매진이라니 미리 예약해 놓을걸. チケットが完売だなんて、前もって予約しておけばよかった。
□□ -(으)ㄹ수록 ～(すれば)するほど、～であればあるほど	알면 알수록 매력 있는 사람인 것 같아요. 知れば知るほど、魅力のある人のようです。
□□ -(으)ㄹ지라도 (たとえ)～しても／であっても	이번에 시험에 떨어질지라도 앞으로 얼마든지 기회가 있으니까 괜찮아요. たとえ今回の試験に落ちても、これからいくらでも機会があるので大丈夫です。
□□ ~(이)라는, -다는, -ㄴ/는다는 ～だという	막차가 12시라는 걸 알고 뛰어갔다. 終電が12時だということを知って走った。
□□ ~(이)라니(요)(?) ～だとは、～だなんて、～だって？	남자아이를 보고 여자라니? 男の子を見て、女の子だなんて。

□□ -(으)라든지 【主に -(으)라든지 -(으)라든지の形で)】〜しろとか〜しろとか	집에 있으면 엄마가 공부하라든지 숙제하라든지 잔소리를 많이 하세요. 家にいると、母が勉強をしろとか宿題をしろとか、口うるさいです。
□□ -(으)라며? 〜しろだって?	애완동물을 키우라며? ペットを飼えだって?
□□ -(으)라면서(요)? 〜しろだって?	맨발로 뛰라면서? 素足で走れだって?
□□ -(으)라지(요)(?) (勝手に)〜しろってんだ	그렇게 하고 싶으면 맘대로 하라지. そんなにやりたければ、勝手にしろってんだ。
□□ -(으)려니(까) 〜しようとすると、〜しようとしたら	막상 사람들 앞에서 얘기하려니 긴장돼서 아무 생각도 안 난다. いざ人の前で話をしようとしたら、緊張して何も思い出せない。
□□ -(으)려며는, -(으)려면 〜しようとするならば、〜するつもりなら	스트레스를 해소하려면 자기가 좋아하는 일을 하면 된다. ストレスを解消しようとするならば、自分が好きなことをすればいい。
□□ -(으)려야, -(으)ㄹ래야 ①〜しようとして初めて、〜しようとしなければ ②〜しようとしても	②만나려야 만날 수 없는 가족도 있다. 会おうとしても会えない家族もいる。
□□ -(으)리라(고) ①〜(する)だろうと ②〜してやるぞと	①우리 팀이 우승하리라고 꿈에도 생각 못 했다. うちのチームが優勝するだろうとは夢にも思わなかった。 ②우리 가족은 내가 지키리라고 결심했다. うちの家族は私が守ってやるぞと決心した。

□□ -(으)리만큼 ～するほどに、～するくらい、～するだけに	**오랜만에 만난 친구가 몰라보리만큼 예뻐졌다.** 久しぶりに会った友達は、見違えるほどきれいになっていた。
□□ -(으)ㅁ에도 ～するにも／であるにも	**뻔뻔함에도 정도라는 게 있다.** ずうずうしいにも程がある。
□□ -(으)므로 ～するので／なので、～するから／だから	**내 잘못이 명백하므로 모든 책임을 지겠습니다.** 私の過ちなのは明らかなので、全ての責任を取ります。
□□ -(으)셔 ①～なさるよ、～でいらっしゃるよ ②～しなさい	**①우리 선생님은 잔소리를 많이 하셔.** うちの先生はよく小言をおっしゃるよ。 **②전화만 하지 말고 놀러 오셔.** 電話ばかりしないで、遊びにいらっしゃい。
□□ -아/어(?) ①～する、～だ、～(する)か？ ②～しろ ③～しよう	**①너 여드름 생겼어?** 君、にきびができたのか？ **②너무 더우니까 에어컨 좀 켜.** とても暑いので、ちょっとクーラーつけて。 **③주말에 우리 같이 소풍 가.** 私たち週末一緒に遠足に行こう。
□□ -아/어다(가) ～して、～してから	**은행에 가서 돈을 찾아다(가) 주세요.** 銀行に行ってお金を下ろしてきてください。
□□ -아/어라 ～せよ、～しろ、～しなさい	**지각하기 싫으면 빨리 먹어라.** 遅刻したくなければ、早く食べなさい。
□□ -아/어서야 ①～しては／では ②～してこそ／でこそ	**①아침이 돼서야 집에 돌아왔다.** 朝になって、家に帰ってきた。 **②엄마가 되어서야 엄마의 마음을 알 수 있다.** 母になってこそ、母の気持ちが分かる。

STEP 2 準2級必修項目〈語尾〉

□□ **-았/었댔자** (いくら)〜したところで/だったところで	**아무리 말다툼해 봤댔자 소용없는 일이에요.** いくら口げんかをしてみたところで、仕方がないことです。
□□ **-았/었더라면** 〜したならば/であったならば	**내가 갔더라면 이런 일은 없었을 텐데.** 私が行っていたら、こんなことはなかったはずなのに。
□□ **~(이)야(?)** 〜だ、〜か?	**그 얘기 정말이야?** その話は本当なのか?
□□ **-자** ①〜しよう<動詞>、〜になろう<形容詞> ②〜してくれ	**①어려운 사람들을 도와주자.** 恵まれない人たちを助けてあげよう。 **①손님에게 친절하자.** お客さんに親切になろう。 **②이번에는 네가 양보하자.** 今回は君が譲ってくれ。
□□ **-자꾸나** 〜しようよ	**이제부터 자주 만나자꾸나.** これからは頻繁に会おうよ。
□□ **-자니(까)** 〜しようと思うと、〜するには	**다시 공부를 시작하자니 뭐부터 시작해야 좋을지 모르겠어요.** 勉強を再開しようと思うと、何から始めればいいか分かりません。
□□ **-자니(요)?** 〜しようだなんて、〜しようだって?	**헤어지자니? 이제부터 시작하려는데.** 別れようだって? これから始めようとしているのに。
□□ **-자니까(요)** 〜しようってば	**먼저 그 사람한테 연락해 보자니까.** 先にあの人に連絡してみようってば。
□□ **-자든가** 【主に-자든가 -자든가の形で】しようとか〜しようとか	**집에서 쉬고 싶은데 영화를 보자든가 외식하자든가 아이들이 시끄럽다.** 家で休みたいのに、映画を見ようとか外食しようとか、子どもたちがうるさい。

□□ -자든지 【主に -자든지 -자든자の形で】しようとか〜しようとか	**만나면 어디 가자든지 뭐 먹자든지 우리는 말이 잘 통한다.** 会うと、どこに行こうとか何を食べようとか、私たちはよく話が合う。
□□ -자면서(요)?, -자며? 〜しようだって?	**아이들 먼저 씻기자면서?** 子どもたちを先に洗ってあげようだって?
□□ -자지(요)(?) 〜しようって(?)	**이번 일은 없었던 걸로 하자지?** 今回のことはなかったことにしようって?
□□ -잡니다 〜しようとのことです、〜しようと言っています	**여자 친구가 갑자기 헤어지잡니다. 근데 이유를 모르겠어요.** 彼女が突然別れようと言っています。でも理由が分かりません。
□□ -재(요)(?) 〜しようって(?)	**친구가 여름 휴가 때 해외여행 같이 가재요.** 友達が、夏休みの時に海外旅行へ一緒に行こうって。
□□ -지 〜するのであって／なのであって【〜するのではない／なのではない、という否定的な事柄が続く】	**우리 언니는 공부만 잘하지 운동은 전혀 못한다.** うちの姉は勉強だけはできるけど、運動は全然駄目だ。

準2級必修項目⑤ 表現

学習日 (/)

準２級レベルで重要な表現を抜粋しました。用法、意味を確認してください。

表現 ✓CHECK 1 2	例文
□□~가/이 아니고서는 ～でない限り(は)、～でなくては	이것은 전문가가 아니고서는 도저히 할 수 없다. これは専門家でない限りとてもできない。
□□ -게끔 하다/만들다, -게 하다/만들다 ①～させる ②～にする、～くする	①아이들에게 매일 야채를 먹게끔 한다. 子どもたちに毎日野菜を食べさせている。 ②자기 방은 항상 깨끗하게 해 두자. 自分の部屋はいつもきれいにしておこう。
□□ -게 생겼다 ①～そうに見える、～な顔つき／顔立ち／形をしている ②～するはめになった、～してしまいそうだ	①그 여배우는 눈이 정말 예쁘게 생겼다. あの女優は目が本当にきれいだ。 ②늦잠을 자서 오늘 학교에 지각하게 생겼다. 寝坊したので今日学校に遅刻してしまいそうだ。
□□ -고 -는 데 따라서 ～するか／であるか否かによって	아침을 먹고 안 먹는 데 따라서 하루의 컨디션이 달라진다. 朝食を食べるか否かによって一日のコンディションが変わる。
□□ -고 나니(까) ①～すると、～してみると、～したら、～したところ ②～したので	①시험이 끝나고 나니까 공부할 의욕이 안 생겨요. 試験が終わってみたら勉強する意欲が湧きません。 ②갑자기 회사를 그만두고 나니 앞이 캄캄하다. 突然会社を辞めたのでお先真っ暗だ。
□□ -고 나서 ～してから、～し終えてから、～してしまってから	벽에 낙서하고 나서 다시 지우느라 고생했다. 壁に落書きをしてしまってから、また消すのに苦労した。

□□ **-고 말고는** ～するかしないかは、～であるかないかは	**유학을 가고 말고는 제가 정할 거예요.** 留学するかしないかは自分で決めます。
□□ **-고 보자** (まず／取りあえず)～しよう、(まず／取りあえず)～してみよう	**배고픈데 먹고 보자.** おなかがすいているんで、取りあえず食べよう。
□□ **-고자 하다, -자 하다** ～しようと思う、～しようとする	**내년에 다시 도전하고자 한다.** 来年もう一度挑戦しようと思う。
□□ **-고 하니(까)** ～する／だから、～する／なので、～する／なことだし、～したり／だったりするので	**밖에 비도 오고 하니까 다음에 만나자.** 外で雨も降っているので、今度会おう。
□□ **-고 해서** ～する／なので、～したり／だったりするので、～したり／だったりして	**심심하고 해서 친구한테 문자를 보내 봤다.** 退屈なので友達にメールを送ってみた。
□□ **-곤 하다** ～したりする、(よく)～する	**고등학생 때 자주 가곤 했던 가게예요.** 高校時代よく行っていた店です。
□□ **-구나 싶다/하다, -는구나 싶다/하다, -았/었구나 싶다/하다** ～するんだ／したんだ／(だ)なあと思う、～する／した／(だ)なあという気がする	**이런 사소한 일로도 싸우는구나 싶다.** こんなささいなことでもけんかするんだなあと思う。
□□ **그렇게 -(으)ㄹ 수(가) 없다** 非常に～だ、とても～だ	**회사 일 때문에 그렇게 바쁠 수가 없대요.** 会社の仕事でとても忙しいそうです。
□□ **-기까지 하다** ①～し／でありさえする、～でさえある ②～くさえ思う、～くさえ感じる	①**이제는 거짓말을 하기까지 한다.** 今はうそまでつく。 ②**그 아이가 불쌍하기까지 해요.** あの子がふびんにさえ思います。

□□ **-기나/기라도 한/하는 듯** ～しでもする／したかのように、～(である)かのように	**금메달을 따기라도 한 듯 너무 기뻐했어요.** 金メダルでも取ったかのようにとても喜んでいました。
□□ **-기 나름이다** ～(し方)次第だ	**아이는 부모님이 가정에서 교육하기 나름이에요.** 子どもは両親のしつけ次第です。
□□ **-기나 하다** (せめて／少なくとも)～でもする、～するにはする、～くはある、～ではある	**그 사람을 만나 보기나 했어?** あの人に会ったことでもあるの？ **입 다물고 먹기나 해.** 黙って、取りあえず食べて。
□□ **-기는** (疑問詞＋助詞) **-아/어(요)?** ～するったって(疑問詞＋助詞)～するのか？、～って(疑問詞＋助詞)～のか？	**아프기는 어디가 아파?** 具合が悪いってどこが悪いの？ **먹기는 뭘 먹어?** 食べるって何を食べるの？
□□ **-기는커녕** ～する／であるどころか、～する／であるのはおろか	**영화가 재미있기는커녕 너무 지루했다.** 映画が面白いどころかとても退屈だった。
□□ **-기도 하다** とても～だ	**그 사람 순진하기도 하지. 그걸 믿다니.** あの人、とても純粋だな。あれを信じるとは。
□□ **-기를** ～するところでは、～するには、～するところによると	**그 사람이 말하기를 자기는 범인이 아니란다.** あの人が言うには自分は犯人ではないそうだ。
□□ **-기만 하다** ①～してばかりいる、もっぱら～する ②～であるだけだ、～であるばかりだ、ただただ～だ	①**집에 오면 공부는 안 하고 놀기만 한다.** 家に帰ってくると勉強はしないで遊んでばかりいる。 ②**집이 크기만 하고 마당도 없다.** 家が大きいだけで庭もない。
□□ **-기만 하면** ①～しさえすれば、～すれば必ず ②～してばかりいると	①**내가 참기만 하면 아무 문제 없이 끝날 수 있다.** 私が我慢しさえすれば何の問題もなく終われる。

	②그렇게 공부 안 하고 놀기만 하면 시험에 떨어진다. そんなに勉強しないで遊んでばかりいると試験に落ちるよ。
□□ -기만 해도, -기만 하더라도 ～する／した／であるだけでも、少し～しても／であっても	너무 맛있겠어요. 보기만 해도 침이 나와요. とてもおいしそうです。見るだけでもよだれが出ます。
□□ -기야 하다 ～してはみる、～くは／ではある	그렇게까지 부탁하시니 가기야 하지만 잘될 가능성은 별로 없어요. そこまで頼むから行ってはみるけど、うまくいく可能性は低いです。 힘들기야 했지만 결과가 좋아서 만족해요. 大変ではあったが、結果がよくて満足です。
□□ -기에(는) 【생각하다, 판단하다, 보다などの動詞に続き】～するには、～したところ	제가 보기에는 과장님의 잘못이라고 생각해요. 私が見るには課長の過ちだと思います。
□□ -(으)ㄴ/는가 싶다/하다, -나 하다 ～する／だろうと思う、～かと思う、～する気がする、～(の)ようだ、～みたいだ	그 애는 아버지를 닮아 똑똑한가 싶다. あの子はお父さんに似て賢いのだろう。 비가 오나 해서 우산을 준비해 나갔다. 雨が降っているかと思って傘を用意して出掛けた。
□□ -(으)ㄴ/는가 하면 ①～するかと思えば、～するかと思うと、～かと思えば、～かと思うと ②～するかと言うと、～かと言うと	①좀 다정한가 하면 또 차가워진다. ちょっと優しいかと思うとまた冷たくなる。 ②이 옷이 왜 비싼가 하면 디자이너가 직접 만들었기 때문이다. この服がなぜ高いかと言うと、デザイナーが自ら作ったからだ。
□□ -(으)ㄴ 감이 있다, -(으)ㄴ 감이 들다 ～した感がある、～な／の感がある	시작하기엔 조금 늦은 감이 있지만 열심히 할게요. 始めるにはちょっと遅い感があるが、頑張ります。

□□ -(으)ㄴ/는 거 있지(요) ～する／しているんだ、～する／しているのよ、～したんだ、～したのよ、～なんだ、～なのよ	**가족들이 나만 빼고 외식하러 간 거 있지.** 家族みんな、私抜きで外食に行ったのよ。 **그 배우 티비보다 실물이 근사한 거 있지.** あの俳優さん、テレビより実物が素敵なのよ。
□□ -(으)ㄴ/는 것도 같다 ～するみたいだ、～する／したような気がする、～したようでもある、～(の)ようでもある、～(の)ような気もする	**잘 생각해 보니까 내가 잘못한 것도 같다.** よく考えてみると私が間違っていたような気もする。 **합격은 했지만 점수가 좀 어중간한 것도 같다.** 合格はしたが、点数が中途半端のような気もする。
□□ -(으)ㄴ/는 것만 같다 (本当に)～する／したようだ、(本当に)～する／したみたいだ、(本当に)～する気がする、(本当に)～したような気がする、(本当に)～(である)ようだ／みたいだ／(の)ような気がする	**연휴에 먹고 자고 했더니 너무 게을러진 것만 같다.** 連休に食っちゃ寝していたら本当に怠け者になったようだ。 **매일같이 보니까 이제 형제인 것만 같다.** 毎日のように会っているからもう本当に兄弟のようだ。
□□ -(으)ㄴ/는 것이/게 ～する／している／した／なところからして、～する／している／した／なのを見ると、～した／なのが	**계속 비가 오는 게 오늘은 손님이 별로 안 올 것 같다.** ずっと雨が降っているところを見ると、今日はお客さんがあまり来なさそうだ。 **몸이 가려운 게 아무래도 병원에 다녀와야겠어요.** 体がかゆいのを見ると、やはり病院に行ってきた方がよさそうです。
□□ -ㄴ/는다는 것이, -ㄴ/는다고 하는 것이 ～するつもりが、～しようとしたのが	**친구를 도와준다는 것이 오히려 방해만 됐다.** 友達を手伝ってあげようとしたのが、むしろ邪魔になっただけだった。
□□ -(으)ㄴ 다음에야 ～した後初めて、～してから初めて、～してようやく	**그 사람과 헤어진 다음에야 사랑했다는 걸 알았다.** あの人と別れてから初めて愛していたということが分かった。

表現・意味	例文
□□ -(으)ㄴ/는 듯싶다/듯하다 ～する／したようだ、～する／したみたいだ、～(である)ようだ、～みたいだ、～そうだ	**학교 급식에서 오믈렛이 자주 나오는 걸 보니 인기가 있는 듯하다.** 学校の給食でオムレツがよく出るのを見ると、人気があるようだ。 **아이들이 먹기에는 약이 좀 독한 듯싶다.** 子どもたちが飲むには薬が少し強いようだ。
□□ -(으)ㄴ/는/(으)ㄹ 만큼 ～する／したから(には)、～する／しただけに、～(だ)から、～(である)から(には)、～(な)だけに	**어렵게 결정한 만큼 결과도 좋을 거라 생각해요.** 慎重に決めただけに結果も良いと思います。 **기대가 큰 만큼 실망도 컸다.** 期待が大きいだけに失望も大きかった。
□□ -(으)ㄴ/는 바(와) 같이 ～する／している／した通り	**제가 말씀 드린 바와 같이 이번 일은 신중을 기하는 문제입니다.** 私が申し上げた通り今回のことは慎重を期する問題です。
□□ -(으)ㄴ/는 셈으로 ①～したつもりで ②～したようなもので ③～なわけで	**①한국 사람이 된 셈으로 얘기해 보세요.** 韓国人になったつもりで話してください。 **②이것만 끝내면 이번 일은 잘 해결된 셈으로 안심해도 돼요.** これさえ終われば今回のことはうまく解決されたようなもので、安心してもいいです。 **③이 선배가 우리한테는 선생님인 셈으로 모두들 의지하고 있다.** この先輩が私たちには先生なわけで、みんな頼っている。
□□ -(으)ㄴ/는/던 셈이다, -았/었/던 셈이다 (ほとんど)～したようなものだ、～する／した／だった／していたわけだ、～なわけだ	**이번 일은 우리 둘 다 잘못한 셈이다.** 今回のことは私たち二人とも間違っていたわけだ。

□□ -(으)ㄴ/는 줄(은/도) 모르다 ～したことに(も)気付かない、～する/したなんて知らない、～するのを知らない、～だなんて思わない、～だなんて知らない	**너무 긴장해서 다친 줄도 몰랐다.** 緊張し過ぎてけがしたことにも気付かなかった。 **안이 너무 따뜻해서 오늘 추운 줄도 모르겠다.** 中がとても暖かくて今日寒いだなんて思わない。
□□ -(으)ㄴ/는 줄(로/로만/을) 알다 ～する/している/したと(ばかり)思う、～だと(ばかり)思う	**내가 착각한 줄 알았는데 진짜였구나.** 私が勘違いしたと思っていたけど、本当だったなあ。 **어린 줄로만 알았는데 정말 믿음직스럽다.** 若いとばかり思っていたけど本当に頼もしい。
□□ -(으)ㄴ/는지(도) 모르다, -았/었는지(도)모르다 ～する/している/したかもしれない、～である/だったかもしれない	**여긴 덥지만 그곳은 추운지도 모르지.** こっちは暑いけど、そっちは寒いかもしれないな。
□□ -(으)ㄴ 채(로), -고 있는 채(로) ～したまま(で)、～しっぱなしで、～しているまま(で)、～(な)まま(で)	**너무 피곤해서 옷을 입은 채로 자 버렸다.** とても疲れたので服を着たまま(着替えずに)寝てしまった。 **야채를 싱싱한 채로 유지하려면 빨리 냉장고에 넣으세요.** 野菜を新鮮なままで維持するなら早く冷蔵庫に入れてください。
□□ -(으)ㄴ/는/던 척하다 ～する/している/した/していたふりをする、～であるふりをする	**길에서 아는 사람을 만났는데 모른 척했다.** 道で知り合いに会ったのに知らないふりをした。 **놀랐지만 태연한 척했다.** 驚いたけど、落ち着いているふりをした。
□□ -(으)ㄴ/는 듯 마는 듯 하다 ～するような～しないような感じだ、～しているようでもあり～していないようでもある	**아침을 먹는 듯 마는 듯하고 나갔다.** 朝食をちゃんと食べずに出掛けた。
□□ -(으)ㄴ 체 만 체하다 適当に～する、～しても～しないふりをする	**내가 얘기하면 항상 들은 체 만 체한다.** 私が話すといつも適当に聞き流す。

表現	例文
□□ **-(으)ㄴ/는/던 체하다** ～する／している／した／していたふりをする、～であるふりをする	**여동생의 케이크를 먹었는데 안 먹은 체했어요.** 妹のケーキを食べたのに食べていないふりをしました。 **몸이 튼튼한 체하지만 사실은 약해요.** 体が丈夫なふりをしていますが、実は弱いです。
□□ **-(으)나 -(으)나, ~(이)나 ~(이)나** ～しても／でも～しても／でも、～であれ～であれ	**날씨가 좋으나 나쁘나 매일 강아지와 산책을 나간다.** 天気が良かろうが悪かろうが毎日子犬と散歩に出掛ける。
□□ **~(이)나 -(으)ㄹ 수 있다** ～だったら～できる、～でなければ～できない	**이런 비싼 차는 부자나 탈 수 있다.** こんな高級車はお金持ちでなければ乗れない。
□□ **~이나/이라도 되는 것 처럼/듯(이)** (あたかも)～にでもなったかのように	**마치 사장님이라도 되는 것처럼 행동한다.** まるで社長にでもなったかのように振る舞う。
□□ **-(으)나 마나** ～しても／であっても～しなくても／でなくても、～した／だったところで	**이번에는 발표를 보나 마나 합격일 거야.** 今回は発表を見るまでもなく合格だろう。
□□ **-나 싶다, -았/었나 싶다, -겠나 싶다, -지 않나/않았나/않겠나 싶다** ～する／した／だったのだろうかと思う、～したんじゃないだろうかと思う、～なんだろうかと思う	**아무래도 내가 잘못했나 싶어요.** どうやら私が間違ったことをしたんだろうと思います。 **이런 상황에서는 누구라도 오해하지 않았나 싶어요.** このような状況では誰でも誤解したんじゃないかと思います。
□□ **~는/은 좀 뭐하다** ～はちょっと何だ、～はちょっとはばかられる	**지금 그 얘기를 하는 것은 좀 뭐한데.** 今その話をするのはちょっとはばかられるけど。
□□ **-는 날에는/날이면** ～する／した日には、～する／した場合には、～しようものなら	**담배 피우는 거 부모님이 아시는 날에는 나 학교 못 다닐 거야.** たばこを吸うのを両親に知られた日には、僕は学校に通えないと思う。

表現	例文
□□ **-는 법이 없다, -(으)라는 법은 없다** ～することはない、～することなどない	**내 친구는 화내는 법이 없다.** 私の友達は怒ることなどない。
□□ **-는 법이 있어(요)?, -(으)라는 법이 어디 있습니까?** ～することなんてあるか、～するなんてあり得るか	**가난하다고 사람을 얕보는 법이 있어요?** 貧しいからって人を見くびるなんてあり得ますか？
□□ **-는 수(가) 있다** ～することがある、～する場合がある	**엄마 말 안 들으면 혼내는 수가 있다.** お母さんの言うことを聞かないと怒ることがあるよ。
□□ **-는 식으로** ～するふうに、～するみたいに、～する／しているやり方で	**아이에게 설명하는 식으로 알기 쉽게 얘기해 주세요.** 子どもに説明するみたいに分かりやすく話してください。
□□ **-는 참에, -고 있는 참에** ～しているところに	**졸린 걸 참고 있는 참에 친구한테 전화가 왔다.** 眠いのを我慢しているところに友達から電話が来た。
□□ **-는 한이 있어도/있더라도** ～することがあっても、～するところだとしても	**더위를 먹는 한이 있어도 야구 연습을 계속할 거예요.** 夏負けすることがあっても野球の練習を続けるつもりです。
□□ **-ㄴ/는다고(나) 할까(요)?, -다고(나) 할까(요)?, ~(이)라고(나) 할까(요)?** ～(だ)とでも言おうか	**이런 옷은 너하고 좀 안 어울린다고나 할까?** こんな服は君とは似合わないとでも言おうか。
□□ **-다 -다 (하다)** ～(だ)とか～(だ)とか(言う)	**당신한테 좋다 나쁘다 할 권리는 없어요.** あなたにとやかく（良いとか悪いとか）言う権利はありません。
□□ **-ㄴ/는다 치더라도, -았/었다 치더라도, -다 치더라도, ~(이)라 치더라도** ～する／した／していたからと言って、～する／した／していたとしても、～(だ)からと言って、～(だ)としても	**좀 뚱뚱하다 치더라도 키가 크니까 그렇게 안 보여요.** ちょっと太っているとしても、背が高いのでそうは見えません。

表現	例文
□□ -ㄴ/는다 할지라도, -다 할지라도, ~(이)라 할지라도, -ㄴ/는다 해도, -다 해도, ~(이)라 해도 ～するからと言って、するとしても、～(だ)からと言って、～(だ)としても	**좀 못마땅하다 할지라도 함께 결정한 일이니까 의견에 따라 주세요.** 少し気に入らないとしても、みんなで決めたことなので意見に従ってください。
□□ -ㄴ/는단 말이다, -단 말이다, ~(이)란 말이다 ～するってば、～するのだ、～(だ)ってば、～(な)のだ	**아무리 설득해도 소용없단 말이야.** いくら説得しても無駄だってば。
□□ -ㄴ/는대서, -대서, ~(이)래서 ～すると言うので、～するからって、～(だ)と言うので、～(だ)からって、～などと言うので	**비가 온대서 우산을 가져왔어.** 雨が降ると言うので傘を持ってきたよ。
□□ -ㄴ/는대서야, -대서야, ~(이)래서야 ～するとは、～するなんて、～(だ)とは、～(だ)なんて、～などと言っては	**근처에 편의점 하나 없대서야 불편해서 어떻게 사니?** 近くにコンビニ一つないなんて、不便じゃないか。
□□ -던 차에 ～していたところ(に)、～していた際(に)、～していた折(に)、～していたついでに	**심심하던 차에 잘 왔어. 같이 영화나 보러 가자.** 退屈していたところによく来たな。一緒に映画でも見に行こう。
□□ -던 터에 ～した／していたところに	**가전제품을 새로 바꾸려던 터에 유학 가는 친구한테 받았어요.** 家電製品を買い替えようとしていたところに、留学に行く友達からもらいました。
□□ -도록 하다, -도록 만들다 ①～させる、～するようにする ②～することにする ＜命令したり促しの文で＞	**①선수들에게 매일 아침 일찍 일어나도록 했어요.** 選手たちに毎朝早く起きるようにさせました。 **②거기에는 절대 가지 않도록 합시다.** そこには絶対行かないことにしましょう。
□□ -(으)ㄹ 걸 그랬다 ～すればよかったなあ／よ／のに	**친구가 입원했을 때 병문안이라도 한 번 가 볼 걸 그랬다.** 友達が入院していた時にお見舞いにでも一度行けばよかった。

□□ -(으)ㄹ 것만 같다 (本当に)～しそうだ、～せんばかりだ、～でありそうだ	지금이라도 울 것만 같은 표정이었어요. 今にも泣きそうな表情でした。
□□ -(으)ㄹ까 보다 ①～しそう/でありそうだ、～する/であるみたいだ、～する/であるのではないかと思う、～する/であるかもしれない ②～し(てみ)ようかと思う	①혹시 날 못 믿을까 봐서 하는 얘긴데. もしかしたら私のことを信用できないと思っているかもしれないので言うけど。 ②오늘은 매운 요리를 좀 먹어 볼까 봐요. 今日は辛い料理をちょっと食べてみようかと思います。
□□ -(으)ㄹ까 싶다 ①～しそう/でありそうだ、～する/であるみたいだ、～する/であるのではないかと思う、～する/であるかもしれない ②～し(てみ)ようかと思う ③～する/であるはずがないと(思う)	①날씨가 흐린 걸 보면 오늘 비가 오지 않을까 싶다. 曇っているところを見ると、今日雨が降るんじゃないかと思う。 ②하루 더 있다가 내일쯤 갈까 싶어. もう一日滞在して明日ぐらいに帰ろうかと思う。 ③아이가 말을 안 들으면 그래도 예쁠까 싶다. 子どもが言うことを聞かなければ、かわいいはずがないと思う。
□□ -(으)ㄹ 나름이다 ～(し方)次第だ	세상 일은 모두 생각할 나름이다. 世の中のことは全て考え方次第だ。
□□ -(으)ㄹ는지(도) 모르다, -았/었을는지(도) 모르다 ～する/したかもしれない、～であるかもしれない	그때 솔직히 고백했으면 친구가 나를 용서했을는지도 모르겠다. あの時正直に告白していたら友達が私を許してくれたかもしれない。
□□ -(으)ㄹ 대로 -다 ～するだけ～する、～し尽くす <同じ動詞を繰り返して>	화날 대로 다 화난 사람한테 그런 말을 하면 어떡해요. 怒るだけ怒っている人にそんなことを言ってどうするんですか。
□□ -(으)ㄹ 듯 말 듯하다 ～しそうで～しない感じだ、～しているような～していないような感じだ、～するか～しないかくらいだ	그 사람이 한 얘기가 알 듯 말 듯하다. あの人が言った話が分かりそうで分からない。

□□ **-(으)ㄹ 듯싶다/듯하다, -았/었을 듯싶다/듯하다** ～しそうだ、～でありそうだ、～する／しただろう	**이번 일이 끝나면 당분간 한가할 듯싶다.** 今回のことが終わったらしばらく暇だろう。
□□ **-(으)려야 -(으)ㄹ 수 없다, -(으)ㄹ래야 -(으)ㄹ 수 없다,** ～しようとしても～できない、～しようにも～できない	**너무 똑똑해서 따라잡을래야 따라잡을 수 없는 아이예요.** 利口すぎて追い付こうとしても追い付けない子です。
□□ **-(으)ㄹ 무렵** ～する頃	**해 질 무렵에 친구와 함께 찍은 사진이에요.** 日が暮れる頃に友達と一緒に取った写真です。
□□ **-(으)ㄹ 바에야/바에는** (どうせ)～する／であるのなら、～する／であるからには	**여기에서 포기할 바에는 아예 시작도 안 했을 것이다.** ここで諦めるなら最初から始めようとも思わなかっただろう。
□□ **-(으)ㄹ 셈이다** ～するつもりだ	**오늘 와이프한테 솔직하게 털어놓을 셈이다.** 今日妻に正直に打ち明けるつもりだ。
□□ **-(으)ㄹ 수가 있어야지(요)** (まったく)～することができない、～するのは到底無理だ	**요즘 사람을 믿을 수가 있어야지.** 最近人が信用できない。
□□ **-(으)ㄹ 줄 모르다** ～する／だとは思わない、～する／だなんて思わない	**네가 나를 배신할 줄 몰랐다.** 君が僕を裏切るとは思わなかった。
□□ **-(으)ㄹ 줄 알다** ～するだろうと／だろうと思う	**차분한 줄 알았는데 아주 밝은 사람이었다.** 物静かだと思ったが、とても明るい人だった。
□□ **-(으)ㄹ 테고** ～するだろうし、～だろうし	**어차피 바빠서 잘 못 만날 테고 가끔씩 전화나 하자.** どうせ忙しくてあまり会えないだろうし、たまに電話でもしよう。

表現	例文
□□ -(으)ㄹ 테(다/야) ①～(する)だろう ②～するつもりだ	**①지금 가 봤자 아무도 없을 테다.** 今行ってみたところで誰もいないだろう。 **②나는 꼭 성공할 테다.** 僕は必ず成功するつもりだ。
□□ -(으)ㄹ 테지만, -았/었을 테지만 ～する／しただろうが、～だろうが	**넌 이해 못 할 테지만 나한테 있어서는 심각한 문제야.** 君は理解できないだろうが、僕にとっては深刻な問題だ。
□□ ~(이)란 ~은/는 다/모두/전부 【同じ名詞を用いて】～という～は全て	**친구란 친구는 다 불러서 생일 파티를 했어요.** 友達という友達は全て呼んで誕生日会をしました。
□□ -(으)란 듯(이) ～せよと言わんばかりに	**보란 듯이 성공할 거예요.** これ見よがしに成功するつもりです。
□□ ~(이)란 듯(이) ～だと言わんばかりに	**사장님만 안 계시면 자기가 사장이란 듯이 행동해요.** 社長がいないと自分が社長だと言わんばかりに振る舞います。
□□ ~(이)랄까 봐서 ～と言われそうで、～と言われるかと思って	**내일이 시험이랄까 봐서 긴장했어요.** 明日試験だと言われるかと思って緊張しました。
□□ -(으)려(고) 그러다 ～しようとする	**공부하려고 그러는데 여동생이 계속 방해한다.** 勉強しようとしているのに妹がずっと邪魔をする。
□□ -(으)려(고) 하다 ～しそうだ	**비가 오려고 하니까 베란다에 있는 내 가방 좀 가지고 와.** 雨が降りそうなのでベランダにある私のかばんを持ってきて。
□□ -(으)려는 참이다 ～しようとしているところだ、～しようというところだ	**지금 식사하려는 참인데 같이 먹을래?** 今食事をしようとしているところだけど、一緒に食べない？

表現	例文
□□ -(으)려다(가) 말다 ～しようとしてやめる	**한밤중에 친구한테 전화하려다 말았다.** 真夜中に友達に電話しようとしてやめた。
□□ -(으)려던 참이다 ～しようとしていたところだ	**지금 너한테 전화하려던 참이었는데.** 今君に電話しようとしていたところだったんだが。
□□ -(으)려면 멀었다, -기에는 멀었다 ～するにはまだまだだ、～するには程遠い、～するまでにはまだ時間がかかる	**너도 철들려면 멀었다.** おまえも分別がつくには程遠い。 **부모님의 마음을 이해하기에는 멀었다.** 両親の気持ちを理解するには程遠い。
□□ ~(으)로 만들다 ～にする	**어머니가 저를 유도 선수로 만들어 주셨어요.** 母が私を柔道選手にしてくれました。
□□ ~(으)로 보나 ～から見ても、～を見ても、～を取っても	**연기로 보나 외모로 보나 이 영화의 주인공은 그 배우밖에 없다.** 演技を取っても外見を取っても、この映画の主人公はあの俳優しかいない。
□□ ~(으)로 인한, ~(으)로 인해(서)/인하여 ～による、～によって、～により	**태풍으로 인한 피해가 아주 컸다고 한다.** 台風による被害がとてもひどかったそうだ。
□□~(으)로 해서 (가다/오다) ～を通って、～を経由して(行く/来る)	**이 길로 해서 가면 훨씬 가까워요.** この道を通って行くとずっと近いです。
□□ ~를/을 놓고/두고 ～について、～を巡って、～のことを	**우정과 사랑을 놓고 고민하고 있어요.** 友情と愛を巡って悩んでいます。
□□ -(으)리라고는, -(으)ㄹ 거라고는, -았/었으리라고는 ～する/した/だとは、～する/した/だなんて	**네가 그런 나쁜 짓을 하리라고는 상상조차 못했다.** 君があんな悪いことをするとは想像すらできなかった。

表現	例文
□□ **-(으)ㅁ과 동시에, ~와/과 동시에, -(으)ㄴ/는 동시에** ～すると同時に、～と同時に	**회의가 시작됨과 동시에 분위기가 심각해졌다.** 会議が始まると同時に雰囲気が深刻になった。
□□ **-(으)ㅁ에도 불구하고, -았/었음에도 불구하고** ～する／した／であるにもかかわらず	**회사 사장이 사과했음에도 불구하고 사람들은 용서하지 않았다.** 会社の社長が謝ったにもかからわらず、みんな許さなかった。
□□ **-(으)ㅁ으로써** ～する／であることによって、～する／であることで	**이혼 도장을 찍음으로써 둘의 관계는 끝났다.** 離婚のはんこを押すことによって二人の関係は終わった。
□□ **-(으)ㅁ으로 해서** ～する／であることによって、～する／であることで	**그 사람이 양보함으로 해서 문제는 해결됐다.** あの人が譲ることで問題が解決した。
□□ **~만 같다** (本当に)～のようだ、～としか思えない	**너를 다시 만나다니 꿈만 같다.** 君にまた会えるなんて夢のようだ。
□□ **~만 같아도** ～だったら、～なら	**옛날만 같아도 등산할 때 별로 숨이 차지 않았는데.** 昔だったら登山する時にあまり息切れしなかったのに。
□□ **~만(은/도) 못하다** ～には及ばない、～にはかなわない	**사업이 옛날만 못해서 회사가 힘들어요.** 事業が昔ほどではないので、会社が大変です。
□□ **~아니면, ~만 아니라면, ~만 아니었으면** ①～(のこと)さえなければ、～で(さえ)なければ ②～がいなければ、～でなければ	①**체육만 아니면 반에서 일등할 수 있었는데.** 体育さえなければクラスで一等を取れたのに。 ②**너만 아니면 친구랑 싸울 일도 없었어.** おまえがいなければ友達とけんかすることもなかった。
□□ **~(이)며 ~(이)며** ～やら～やら、～だとか～だとか、～に～に	**올림픽 금메달 소식에 학교의 학생들이며 선생님들이며 다들 기뻐했다.** オリンピック金メダルのニュースで学校の学生たちやら先生たちやらみんな喜んだ。

表現	例文
□□ **-(으)면 -(으)ㄹ수록** ~すれば/であれば~する/であるほど	**만나면 만날수록 좋은 사람인 것 같다.** 会えば会うほど良い人のようだ。
□□ **-(으)면 -(으)ㄹ 줄 알아(요)** ~したら~すると思えよ、~したら~するからな	**너 내일도 안 오면 화낼 줄 알아라.** おまえ、明日も来なかったら怒るからな。
□□ **-(으)면 모를까, -(으)면 몰라(도/라)** ~(する)ならまだしも、~(する)ならともかく	**밤을 새서 하면 모를까 내일까지 숙제를 끝내는 건 무리예요.** 徹夜でやるならまだしも明日までに宿題を終わらせるのは無理です。
□□ **-(으)면 못쓰다** ~してはいけない	**다른 사람 말은 듣지 않고 자기 주장만 내세우면 못써.** 人の話は聞かずに自分の主張ばかりしてはいけないよ。
□□ **-(으)면 뭐가 어때(요)?** ~したら/だったら何だっていうのか?、~したら/だったら悪いか?	**좀 뚱뚱하면 뭐가 어때요? 당당해지세요.** ちょっと太っているからって何が悪いんですか? 堂々としていてください。
□□ **-(으)면 뭐해(요)?** ~した/だったところで意味はない、~する/である必要はない	**돈이 많으면 뭐해? 바빠서 놀 시간도 없는데.** お金がたくさんあっても意味がない。忙しくて遊ぶ暇もないんだから。
□□ **-(으)면 -지 -지(는) 않다, -았/었으면 -았/었지 -지 않겠다** ~する/した/であることはあっても~する/した/であることはない	**앞으로 사이가 나빠지면 나빠졌지 좋아지지는 않을 것 같다.** これから仲が悪くなることはあっても良くなることはないだろう。
□□ **-아/어 가지고, -아/어 갖고** ①~して、~(な)ので、~でもって ②~して(から)	**①너무 화가 나 가지고 가족들한테 화를 냈다.** あまりにも腹が立って家族に怒った。 **②먼저 자료를 모아 가지고 분석해 보세요.** 先に資料を集めてから分析してみてください。
□□ **-아/어 놓아서/놔서, -아/어 놓으니까, ~(이)라 놓아서/놔서** ①~してしまって、~してしまったので ②~(な)ので	**①상사에게 실수를 해 놔서 면목이 없다.** 上司に失礼をしてしまって面目がない。 **②집이 너무 좁아 놔서 이사 가고 싶다.** 家が狭すぎるので引っ越したい。

表現	例文
□□ **-아/어 대다** しきりに～する、～しまくる、～し立てる、～し続ける、～し尽くす、～しふける、激しく～する	**옆 집 가족이 너무 떠들어 대서 밤에 잠을 잘 수가 없다.** 隣の家族があまりにも騒ぎ立てるので夜眠れない。
□□ **-아/어 보나 마나** ～してみたところで、～せずとも	**확인해 보나 마나 이번 일은 네가 잘못한 거잖아.** 確認するまでもなく、今回のことは君の過ちじゃないか。
□□ **-아/어 보다** 【-아/어 본 적이 있다/없다, -아/어 보기는 처음이다などの形で用いられ】～だったことがある/ない、～だったためしがある/ない	**영화를 보고 이렇게까지 울어 보기는 처음이다.** 映画を見てここまで泣いたことはない。
□□ **-아/어 본댔자/봤댔자/봤자** ～して/してみても、～した/してみたところで	**다시 생각해 본댔자 어차피 다 끝난 일이야.** 考え直してみたところで、どうせもう終わったことなんだ。
□□ **-아/어 치우다** ～してしまう、～してのける	**낡은 자동차를 팔아 치우니까 속이 시원하다.** 古い自動車を売り払うと清々する。
□□ **안 -(으)ㄴ ~가/이 없다** ～は一通りやった	**여드름 때문에 안 가 본 병원이 없다.** にきびのせいで病院には一通り行った。
□□ **-았/었어도** ～した/であったとしても	**조금 일찍 갔어도 티켓을 못 샀을 거야.** 少し早く行ったとしてもチケットを買えなかっただろう。
□□ **-았/었으면 어쩔 뻔했어(요)?** ～していたら大変だった、～しなくて幸いだった	**조심해야지. 다쳤으면 어쩔 뻔했니?** 気を付けないと。けがしたら大変だっただろう。
□□ **어떻게 -(으)ㄹ 수 있겠어(요)?** 決して～できない、到底～できない	**어떻게 내가 널 잊을 수 있겠어?** 僕は到底君を忘れられない。

□□ **얼마나/어찌나 -(으)ㄴ/는/던지** ①とても〜で ②どれほど〜した/であったことか	①**아이가 얼마나 똑똑한지 정말 놀랐다.** 子どもがとても利口で本当に驚いた。 ②**아이 때문에 얼마나 놀랐던지.** 子どものためにどれほど驚いたことか。
□□ **얼마나 -다고(요)** ①本当に〜だ ②大して〜できない/じゃないくせに	①**이 라면이 얼마나 유명하다고요.** このラーメン本当に有名です。 ②**얼마나 돈이 많다고 그렇게 자랑을 하는지.** 大してお金もないくせに何をそんなに自慢しているんだか。
□□ **얼마나 -았/었는지 모르다** どれほど〜した/だったことか、どれだけ〜したか/だったか分からない、とても〜だった	**아이가 없어져서 얼마나 찾았는지 모른다.** 子どもがいなくなってどれほど捜したか分からない。
□□ **~에 그치지 않다** 〜にとどまらない	**지나가는 말에 그치지 않고 약속을 지켰다.** 社交辞令にとどまらず約束を守った。
□□ **~에도 불구하고** 〜にもかかわらず	**사람들의 반대에도 불구하고 새로운 사업을 시작했다.** みんなの反対にもかかわらず新しい事業を始めた。
□□ **~에 비추어(서)** 〜に照らして、〜に照らし見て	**지금까지의 경험에 비추어 이번 일은 좀 예민한 문제인 것 같다.** 今までの経験に照らして今回のことはちょっとデリケートな問題のようだ。
□□ **~에 의하면** 〜によると、〜によれば	**오늘 아침 신문에 의하면 그 사람이 범인으로 유력하단다.** 今朝の新聞によるとあの人が犯人として有力だそうだ。
□□ **~에 한해서/한하여** 〜に限って	**선착순 열 명에 한해서 선물을 드리겠습니다.** 先着10名に限ってプレゼントを差し上げます。

表現	例文
□□ **여간 -지 않다, 여간 ~가/이 아니다** ちょっとやそっとの～さではない、並大抵の～さではない、とても～だ	**올겨울은 여간 추운 게 아니에요.** 今年の冬は並大抵の寒さではありません。
□□ **-자 하다** ～しようとする、～しようと思う	**좀 쉬자 하니 계속 전화가 왔다.** ちょっと休もうと思ったら続けて電話が来た。
□□ **-지 그래(요)** ～したらどうだ、～すればいいのに	**많이 취했을 텐데 그만 마시지 그래요.** 結構酔っているでしょうから、飲むのやめたらどうですか。
□□ **-지 그랬어(요)** ～すればよかったのに	**미리 못 온다고 전화하지 그랬어.** 前もって来られないと電話すればよかったのに。
□□ **-지 않겠어(요)?** ～するんだ、～なんだ、～(する)ではないか	**친구한테 오랜만에 연락했더니 병원에 입원해 있지 않겠어요?** 友達に久しぶりに連絡したら、病院に入院しているではないですか。
□□ **-지 않고서는 -(으)ㄹ 수 없다, -지 않고서는 -기 어렵다/힘들다** ～しなくては～できない	**직접 보지 않고서는 뭐라고 할 수 없다.** 自分の目で見ないと何とも言えない。
□□ **-지 않나 싶다, -지 않았나 싶다** ～する／しているのではないかと思う、～した／だったのではないかと思う	**아이 문제 때문에 이혼하지 않았나 싶다.** 子どもの問題で離婚したのではないかと思う。

準2級必修項目❻ 慣用句

学習日
(/)

準２級レベルで覚えておきたい慣用句を抜粋しました。

慣用句 ✓CHECK 1 2	例文
□□ 거짓말을 밥 먹듯 하다 平気でうそをつく、よくうそをつく	거짓말을 밥 먹듯 하는 사람의 말을 어떻게 믿어요? 平気でうそをつく人の話をどうやって信じろって言うんですか。
□□ 걱정을 사서 하다 余計な心配をする、取り越し苦労をする、苦労症だ	또 걱정을 사서 하는구만. また余計な心配をしているな。
□□ 게임이 안 되다 相手にならない、太刀打ちできない	언니하고는 언제나 게임이 안 됐어요. 姉にはいつも太刀打ちできませんでした。
□□ 구멍을 메우다 穴埋めをする、穴を埋める	계획의 구멍을 메워야 해요. 計画の穴埋めをしなければなりません。
□□ 궁지/구석에 몰리다 ①窮地に追いやられる ②片隅に追い込まれる	①궁지에 몰리니까 이제 무서울 게 없다. 窮地に追い込まれると、もう怖いものがない。
□□ 그게 그거다, 그놈이 그놈이다 どれもこれも同じだ、どれも変わらない	이번 대회 참가자들은 다들 그놈이 그놈이다. 今度の大会の参加者たちは大して代わり映えしない。
□□ 그림이 좋다 ①様になる、絵になる ②見ていて気持ちいい	①언제 봐도 저 두 사람은 그림이 좋다. いつ見てもあの二人は絵になるね。
□□ 근처(에)도 못 가다 ①近づくことさえできない ②足元にも及ばない、比べ物にもならない	①이 성적으로는 대학교 근처에도 못 가. この成績では、大学に入るのはとても無理だよ。

□□ **기분이다** (気分が良くて何かしてあげたいときに言う)よし、やってやろう	**기분이다. 오늘 내가 한턱낼게.** よし。今日は僕がおごるよ。
□□ **꼼짝 못 하다** ①身動きができない ②どうすることもできない、手も足も出ない、ぐうの音も出ない、首が回らない、身動きが取れない	**②사장님 앞에서는 꼼짝 못 해요.** 社長の前ではたじたじです。
□□ **꽉 잡고 있다** 掌握している、牛耳る、手玉に取る、自由自在に操る	**우리 회사는 전무님이 꽉 잡고 있어요.** うちの会社は専務が牛耳っています。
□□ **꿈도 못/안 꾸다** 思いもよらない、思いも及ばない、考えられない、かなわぬ夢だ、夢のまた夢だ	**지금 상황으로 졸업은 꿈도 못 꿔요.** 今の状況では卒業はまず無理です。
□□ **남는 장사다** ①もうかる商売だ ②損することはない	**①아무리 아니라고 해도 남는 장사잖아요.** いくら否定しても、もうかる商売じゃないですか。
□□**눈치를 채다** 気配を察する、気付く、感づく、嗅ぎつける、察知する	**친구가 우리 사이를 눈치 챈 것 같아요.** 友達が私たちの関係に感づいたようです。
□□ **닭살이 돋다** 鳥肌が立つ	**그 영화는 너무 무서워서 닭살이 돋았다.** あの映画は怖すぎて鳥肌が立った。
□□ **더도 말고 덜도 말고** 多からず少なからず、それ以上でも以下でもなく	**더도 말고 덜도 말고 한가위만 같아라.** それ以上でもそれ以下でもなく、秋夕みたいだったらいい。(毎日が秋夕のように食べ物に困らないといいと願う表現)
□□ **도마 위에 오르다** 俎上(そじょう)に乗る、批判や議論の対象になる	**이번 사건으로 다시 한 번 도마 위에 올랐어요.** 今回の事件でもう一度批判の対象になりました。

□□ **돌을 던지다** ①非難を浴びせる ②(囲碁で)負けたと諦める、投了する	**가족을 위해서 그랬다는데 누가 돌을 던질 수 있겠어요?** 家族のためにそうしたと言うのに、誰が非難できるでしょうか。
□□ **되지 못하다** (人となりや態度が)なっていない、礼儀に外れている、出来が悪い、まずい	**이런 되지 못한 것이 있나.** こんな出来の悪いやつがいるか。
□□ **뒤를 보아주다/봐주다** ①後の面倒を見てやる ②後ろ盾になる、後押しする、援助する	**②언제나 저의 뒤를 봐주시는 분이에요.** いつも私の後押しをしてくださる方です。
□□ **듣기 좋으라고 하는 소리** お世辞、きれいごと	**듣기 좋으라고 하는 소리란 건 알지만 기분이 좋네요.** お世辞ということは分かっているけど、気分がいいですね。
□□ **들었다 놨다 하다, 쥐었다 놓았다 하다, 쥐었다 폈다 하다** 牛耳る、手玉に取る、自由自在に操る、尻に敷く、掌握する	**남자를 들었다 놨다 하는 여자도 있어요.** 男を手玉に取る女もいます。
□□ **따로 있다** (主に-(으)ㄹ 것이 따로 있지の形で)~するにも程がある、~するなんてあんまりだ	**욕할 게 따로 있지. 어떻게 자기 언니를.** 悪口を言うなんてあんまりだ。なんでまた自分の姉を。
□□ **뜨거운/따끔한/매운 맛을 보다** きゅうを据えられる、痛い目を見る	**뜨거운 맛 좀 보고 싶어?** 痛い目に遭いたいの?
□□ **맛만 보다** 少しだけかじる、味見程度にする	**프랑스어는 그냥 맛만 본 정도예요.** フランス語はただ少しだけかじった程度です。
□□ **맛을 들이다/붙이다, 맛이 들다** ①味付けをする ②味を覚える ③味を占める、味を覚える、興味を持つ	**요새 한국어 공부에 맛을 들여서 즐겁게 공부하고 있어요.** 最近韓国語の勉強に興味を持って、楽しく勉強しています。

□□ **맛을 보다** (喜びや悲しみなどを)味わう、体験する、享受する	**나한테 맛 좀 볼래?** ひどい目に遭いたい?
□□ **맛이 들다** おいしくなる、食べ頃だ	**김치가 맛이 들어서 정말 맛있어요.** キムチが食べ頃でとてもおいしいです。
□□ **매스컴을/방송을/전파를 타다** ①メディアで取り上げられる、報道される ②脚光を浴びる、有名になる	①**이 가게는 지난주에 방송을 탄 이후로 유명해졌어요.** この店は先週メディアで取り上げられてから有名になりました。
□□ **멍이 들다/지다** ①あざができる ②(心に)痛手が残る、しこりが残る、わだかまる	②**그 일로 마음의 멍이 들었어요.** そのことで心にわだかまりが残りました。
□□ **못을 박다** ①釘を刺す、釘を打つ、念を押す ②人の心を傷つける	②**가슴에 못을 박는 말만 한다.** 人の心を傷つけることばかり言う。
□□ **볼 장을 다 보다** 事が意のままにならない、万事休す	**회사에서 목이 잘리고 이제 난 볼 장 다 봤어.** 会社を首になり、もう万事休すだ。
□□ **분위기가 있다** なんとなくいい雰囲気が漂う、ムードがある	**분위기 있는 가게 좀 가르쳐 주세요.** 雰囲気のいい店を教えてください。
□□ **불을 보듯 뻔하다/훤하다** 火を見るよりも明らかだ	**둘이 이혼할 거라는 건 불을 보듯 뻔해요.** 二人が離婚するだろうということは、火を見るより明らかです。
□□ **불이 나다** ①火事が起きる、出火する、火を出す ②緊迫した状態にある、大慌てをする	②**아까부터 전화통에 불이 났어요.** さっきから電話がずっと鳴りっぱなしです。
□□ **뼈에 새기다** 肝に銘じる、心に刻む	**부모님의 가르침을 깊이 뼈에 새기세요.** 両親の教えを深く肝に銘じてください。

□□ **뿌리를 박다/내리다** 根を下ろす、根付く、根を張る、定着する	**이곳에서 뿌리를 내린지 10년 됐어요.** ここで定着してから10年もたちました。
□□ **사고를 치다** しでかす、問題を起こす	**요즘 조용하더니 또 사고를 쳤군.** 最近おとなしくしてると思ったら、またしでかしたね。
□□ **사람 냄새가 나다** 人情味がある	**그 사람은 일은 잘 못해도 사람 냄새가 나요.** あの人は仕事はできないけど、人情味があります。
□□ **사람 사는 집 같다** にぎやかだ	**아이들이 태어나니까 사람 사는 집 같아요.** 子どもが生まれてからにぎやかです。
□□ **사람을 버리다** 人を駄目にする、人が駄目になる	**도박이 사람을 버렸어요.** ギャンブルが人を駄目にしました。
□□ **사흘이 멀다 하고/하게** 3日と空けず、足しげく、しばしば、頻繁に	**요즘 영화관에 사흘이 멀다 하고 다닌다.** 最近映画館に足しげく通っている。
□□ **산이 떠나갈 듯** (声や音が)非常に大きい様子、うるさく響くさま	**남동생은 방에서 갑자기 산이 떠나갈 듯 소리 질렀다.** 弟は部屋で急に大声を張り上げた。
□□ **살로 가다** (食べた物が)身(肉)になる、滋養になる	**자기 전에 먹는 음식은 다 살로 간대.** 寝る前に食べる物は、全部肉になるんだって。
□□ **설마가 사람 잡다** 油断大敵だ	**설마가 사람 잡는다고 다시 한 번 확인해 보세요.** 油断大敵ですから、もう一度確認してください。
□□ **숨을/목숨을 거두다** 息を引き取る、息が絶える	**어젯밤에 숨을 거두셨어요.** 昨夜息を引き取られました。

表現	例文
□□ **숨을 돌리다** ①息を整える、息を継ぐ、息切れを鎮める ②ひと息入れる、ひと息つく、息抜きをする	**②잠시 숨을 돌리고 나서 일을 시작합시다.** ひと息ついてから仕事を始めましょう。
□□ **숨이 죽다** (野菜などの)生気がなくなる、しおれる	**야채가 벌써 숨이 죽어서 못 쓰겠다.** 野菜がすでにしおれて使えそうにない。
□□ **씨름을 하다** 苦心する、あれこれと努力する、真剣に取り組む	**내일이 시험이라 책과 씨름하고 있다.** 明日試験なので、真剣に勉強に取り組んでいる。
□□ **아쉬운 소리를 하다** 他人に頼み込む	**생활이 어려워도 남에게 아쉬운 소리 한 번 안 해 봤어요.** 生活が貧しくても人に何かを頼んだりしたことはないです。
□□ **아시다시피** ご存じの通り	**아시다시피 제가 요즘 몸이 안 좋아서요.** ご存じの通り、最近私、体調がすぐれなくて。
□□ **앉으나 서나** いつも	**앉으나 서나 자식 걱정을 하는 게 부모예요.** いつも子どもの心配をするのが親というものです。
□□ **알 만한 사람** 分別のありそうな人	**알 만한 사람이 이게 무슨 짓이야?** 分別のありそうな人が、これは何のまねだ?
□□ **알게 모르게** 知らず知らず、いつの間にか	**알게 모르게 여기저기에 외래어 간판이 늘어났어요.** いつの間にかあちこちに外来語の看板が増えました。
□□ **알 게 뭐야** 知るもんか、私の知ったことではない、私には関係ない	**그 사람이 뭐라고 하든지 내가 알 게 뭐야.** あの人が何と言おうが知るもんか。

□□ **알다가도 모를 일** 分かりそうで分からないこと、不可解なこと	**그 사람이 왜 그런 말을 했는지 정말 알다가도 모를 일이에요.** あの人が何でそんなことを言ったのか本当に不可解です。
□□ **앓는 소리를 하다** 弱音を吐く	**앓는 소리 그만하고 빨리 일이나 하세요.** 弱音を吐くのはやめて、早く仕事をしてください。
□□ **앞뒤가 막히다** 融通が利かない	**앞뒤가 꽉 막힌 사람하고는 아무리 얘기해도 소용없어요.** 融通が利かない人とはいくら話しても無駄です。
□□ **앞뒤를 가리지 않다** 後先を考えない、無分別だ	**친구의 일이라면 앞뒤를 가리지 않는 사람이에요.** 友達のことになると損得を考えない人です。
□□ **어려운 걸음을 하다** わざわざ来る／行く	**어려운 걸음을 해 주셔서 정말 감사합니다.** ご足労をいただき、誠にありがとうございます。
□□ **언제 그랬냐는 듯이** しらを切って、何事もなかったかのように、手のひらを返したように	**며칠 전까지 그렇게 잘 해 주더니 이제는 언제 그랬냐는 듯이 행동하는군.** つい最近まであんなによくしてくれたのに、今はまるで手のひらを返したように振る舞うんだな。
□□ **언제 봤다고** 知りもしないくせに、初めて会ったのに	**언제 봤다고 반말이야?** 会ったばかりなのに、ため口なのか？
□□ **온데간데없다, 온데간데없이, 오간 데없이** 影も形もない、跡形もない、まったくない	**지갑 속의 돈이 온데간데없다.** 財布の中のお金がすっかり消えちゃった。
□□ **우리끼리 얘기** ここだけの話	**우리끼리 얘기지만 이번 일은 자신 없어요.** ここだけの話だけど、今回のことは自信がありません。

表現・意味	例文
□□ **우습지도 않다** ばかげていてあきれる	**하는 짓이 정말 우습지도 않아요.** やっていることがばかげていてあきれます。
□□ **이가 빠지다** ①歯が抜ける、刃がこぼれる、縁が欠ける ②一部分が欠ける、欠落する	①**이 빠진 접시는 쓰지 마세요.** 縁の欠けている皿は使わないでください。
□□ **이게 웬 떡이냐** 思いがけない幸運だ、もうけものだ	**이번 달에 보너스가 나온다고? 아니, 이게 웬 떡이냐?** 今月、ボーナスが出るって？　ええっ、ラッキー！
□□ **이만저만이 아니다** 並大抵ではない、ちょっとやそっとではない	**요즘 걱정이 이만저만이 아니다.** 最近心配事がちょっとやそっとではない。
□□ **인물이 나다** ①優れた人物が出る ②大した人だ	②**뉴스에도 나오고 정말 인물 났다.** ニュースにも出て、本当に大した人だ。
□□ **인상을 쓰다** 険しい表情をする、眉間にしわを寄せる	**사람들 앞에서 그렇게 인상 쓰지 마세요.** 人前でそんなに険しい顔をしないでください。
□□ **일을 내다** 事故を起こす、もめ事を起こす、しでかす	**또 무슨 일을 낸 거야?** また何をしでかしたんだ？
□□ **자다가도 벌떡 일어나다** 目がない	**우리 아이는 게임하면 자다가도 벌떡 일어나요.** うちの子はゲームに目がないです。
□□ **재를/소금을 뿌리다** 邪魔をする、水を差す、茶々を入れる	**다 된 밥에 재를 뿌리지 마세요.** あと少しで出来上がりだから、邪魔しないでください。
□□ **점을 찍다** 目星を付ける、マークする	**저 사람이 수상하다고 점찍고 있어요.** あの人が怪しいと目星を付けています。

□□ **정도껏 하다** ほどほどにする	**불평도 정도껏 해야 들어주지.** 文句もほどほどにしないと聞いてやらないぞ。
□□ **줄을 타다** ①綱渡りをする ②綱を伝って登ったり降りたりする ③コネを使う	**③이 회사에는 줄을 타고 들어왔어요.** この会社にはコネを使って入りました。
□□ **중심을 잡다** しっかりする	**아버지가 중심을 잡아야 가족들이 행복해요.** お父さんがしっかりしないと家族は幸せになれません。
□□ **쥐가 나다** ①(手足が)つる、こむら返りを起こす ②(無知で)頭が回らない	**①자다가 갑자기 쥐가 났어요.** 寝ていたら急にこむら返りを起こしました。
□□ **쥐고 흔들다, 가지고 놀다** 牛耳る、手玉に取る、自由自在に操る、尻に敷く、掌握する	**영희는 사람을 가지고 노는 여자니까 조심하세요.** ヨンヒは人をもてあそぶ女性だから気を付けてください。
□□ **지나가는 말** 軽い気持ちで言った言葉、社交辞令	**지나가는 말로 해 본 것뿐이에요.** 社交辞令で言ってみただけです。
□□ **짐을 지다** 責任を取る、責任を負う	**혼자서 짐을 지었어요.** 一人で責任を取りました。
□□ **짚고 넘어가다** はっきりさせる	**이것부터 짚고 넘어갑시다.** これからはっきりさせましょう。
□□ **첫단추를 잘못 끼우다** ボタンを掛け違える	**첫단추를 잘못 끼운 탓에 되는 일이 없어요.** ボタンを掛け違えたせいで何をやってもうまくいきません。
□□ **치마바람을 일으키다** 女性の活発な行動を例えた言葉	**치마바람을 일으키는 걸 좋아하지 않는 남자들도 있어요.** 女性の社会での活躍を好まない男性もいます。

□□ 칼을 쥐다, 칼자루를 쥐다/잡다 事実上の権限や力を持つ、実権を握る、主導権を握る	이번 일은 내가 칼자루를 쥐고 있어요. 今回のことは私が主導権を握っています。
□□ 판을 치다 ①幅を利かせる、羽振りを利かせる、のさばる、まかり通る、牛耳る ②その場で最も上手だ、一番優れている、抜きんでる	①사기가 판을 치는 세상이 되었어요. 詐欺がのさばる世の中になりました。
□□ 판이 깨지다 雰囲気が台無しになる、場がしらける	동창회에서 그 친구의 등장으로 판이 깨졌어요. 同窓会で、その友達の登場によって場がしらけました。
□□ 펄쩍/펄펄 뛰다 かんかんに怒る、猛反発する	아버지는 제 얘기에 펄펄 뛰셨어요. 父は私の話にかんかんに怒りました。
□□ 해 본 소리 言ってみただけ	괜히 해 본 소리니까 너무 신경 쓰지 마. ただ言ってみただけだからあまり気にするな。
□□ 해와 달이 바뀌다/거듭나다 長い月日が流れる、長い歳月が過ぎる	해와 달이 바뀌면 잊을 수 있을 거야. 時間がたてば忘れることができるだろう。

STEP 3

項目別に練習！
合格徹底ドリル

聞き取り問題はCDトラックNo.012～064を聞いて答えてください。

この問題に効く！ **応答・内容理解問題**

（解答は P.147 ～）

012 （解答時間 10 秒）

■ 短い文と選択肢を２回ずつ読みます。文の内容に合うものを１つ選んでください。

013

□ □ 1. ＿＿＿＿＿＿＿＿

① ＿＿＿＿ ② ＿＿＿＿

③ ＿＿＿＿ ④ ＿＿＿＿

014

□ □ 2. ＿＿＿＿＿＿＿＿

① ＿＿＿＿ ② ＿＿＿＿

③ ＿＿＿＿ ④ ＿＿＿＿

015

□ □ 3. ＿＿＿＿＿＿＿＿

① ＿＿＿＿ ② ＿＿＿＿

③ ＿＿＿＿ ④ ＿＿＿＿

016

□ □ 4. ______

① ______ ② ______

③ ______ ④ ______

017

□ □ 5. ______

① ______ ② ______

③ ______ ④ ______

018

□ □ 6. ______

① ______ ② ______

③ ______ ④ ______

019

□ □ 7. ______

① ______ ② ______

③ ______ ④ ______

020

□ □ 8. ______

① ______ ② ______

③ ______ ④ ______

021

□ □ 9. ______

① ______ ② ______

③ ______ ④ ______

022

□ □ 10. ______

① ______ ② ______

③ ______ ④ ______

023

□ □ 11. ______

① ______ ② ______

③ ______ ④ ______

合格徹底ドリル 聞き取り②

内容理解①

この問題に効く！ 応答・内容理解問題

（解答は P.149 ～）

024 （解答時間 25 秒）

■ 対話文を聞いて、その内容と一致するものを１つ選んでください。問題文は２回読みます。

025

□□ 1. 여: ______________________

남: ______________________

①여자는 미리 표를 예매했다.

②남자는 영화관에 사람이 많을 거라고 예상했다.

③여자와 남자는 미리 표를 사 두지 않았다.

④인기 있는 영화라서 영화관에는 사람들이 많다.

026

□ □ 2. 남: ____________________

여: ____________________

①남자는 한국 사람이다.

②여자는 신발을 신고 집안에 들어간 적이 있다.

③여자는 한국에 온 지 얼마 안 됐다.

④남자는 나라마다의 문화적 차이로 실수한 적이 있다.

027

□ □ 3. 여: ____________________

남: ____________________

①여자는 학교 앞에 맨션을 짓고 있다.

②남자는 그 맨션을 사고 싶어 한다.

③남자는 지금 학교 앞에 산다.

④여자는 은행에서 돈을 빌릴지도 모른다.

028

□ □ 4. 여: ____________________

남: ____________________

①집 앞에 커피숍이 새로 생겼다.
②회사 근처에 커피숍이 늘어났다.
③요새 커피숍이 장사가 잘 된다.
④요즘 문을 닫는 커피숍도 많다.

029

□ □ 5. 남: ____________________

여: ____________________

①남자는 구두쇠라서 절약을 많이 한다.
②여자는 평소에 낭비를 많이 한다.
③여자는 뭐든지 꼼꼼하게 체크하는 성격이다.
④남자는 왜 늘 돈이 넉넉하지 않은지 궁금하다.

030

□ □ 6. 남: ____________________

여: ____________________

①남자는 두 사람하고 친하지 않다.
②여자는 두 사람과 자주 싸운다.
③두 사람은 자주 다퉈서 사이가 나쁘다.
④지금 두 사람의 사이는 원만하다.

031

□ □ 7. 여: ____________________

남: ____________________

①남자는 계획에 없는 건 절대 사지 않는다.
②남자는 백화점에서 마음에 드는 물건이 없었다.
③여자는 어제 갑자기 쇼핑하는 데 돈을 써 버렸다.
④여자는 욕심이 많아서 항상 돈을 많이 쓴다.

032

□□8. 남: ______________________

여: ______________________

①남자는 긍정적인 사람이다.

②여자는 자기의 생활에 만족하고 있다.

③여자는 좋아하는 일을 찾고 있는 중이다.

④남자는 지금의 생활이 만족스럽지 못하다.

033

□□9. 여: ______________________

남: ______________________

①지구 온난화 때문에 여름이 점점 더워지고 있다.

②여자는 더위를 많이 탄다.

③남자는 여름을 안 좋아한다.

④환경 오염 때문에 여름이 짧아졌다.

合格徹底ドリル 聞き取り③
応答文選択

この問題に効く！ **応答・内容理解問題**

（解答は P.153 ～）

034 （解答時間 20 秒）

■ 短い文を２回読みます。引き続き４つの選択肢も２回ずつ読みます。応答文として適切なものを１つ選んでください。

035

□ □ 1. 여: ________________

남: （　　　　　　　　　　）

① ________________

② ________________

③ ________________

④ ________________

036

□ □ 2. 남: ____________________

여: (　　　　　　　　　　　　　).

① ____________________

② ____________________

③ ____________________

④ ____________________

037

□ □ 3. 남: ____________________

여: (　　　　　　　　　　　　　).

① ____________________

② ____________________

③ ____________________

④ ____________________

038

□ □ 4. 여: ______________________________

남: (   )

① ______________________________

② ______________________________

③ ______________________________

④ ______________________________

039

□ □ 5. 남: ______________________________

여: (   ).

① ______________________________

② ______________________________

③ ______________________________

④ ______________________________

040

□ □ 6. 남: ____________________

여: (   )

① ____________________

② ____________________

③ ____________________

④ ____________________

041

□ □ 7. 남: ____________________

여: (   ).

① ____________________

② ____________________

③ ____________________

④ ____________________

STEP 3 合格徹底ドリル 聞き取り

◎ 042

□ □ 8. 남: ______________________________

여: (   ).

① ______________________________

② ______________________________

③ ______________________________

④ ______________________________

◎ 043

□ □ 9. 남: ______________________________

여: (   ).

① ______________________________

② ______________________________

③ ______________________________

④ ______________________________

合格徹底ドリル 聞き取り④ 内容理解②

この問題に効く！ **応答・内容理解問題**

(解答は P.157 ～)

044　(解答時間 20 秒)

■ 文章もしくは対話文を聞いて、その内容と一致するものを１つ選んでください。

045

□ □ 1. ____________________

①오늘은 주말이기 때문에 아파트에서 시장이 열릴 예정이다.

②주말에는 시장에서 과일, 야채, 생선을 싸게 판다.

③아파트 관리 사무소 앞에서 주말 시장이 열린다.

④내일 시장에서 세일을 할 예정이다.

🔘046

□ □ 2. ______________________________

____

____

____

____

①안나의 어머니는 카네이션을 좋아했다.

②미국의 어머니날은 5월 8일이다.

③안나는 어머니가 그리워 어머니날을 만들었다.

④한국에서는 5월 둘째 일요일에 어머니에게 카네이션을 드린다.

047

□ □ 3. 여: ______________________

남: ______________________

여: ______________________

남: ______________________

①남자는 집에 다시 갔다 왔다.
②여자는 집에서 나올 때 문 잠그는 것을 잊어버렸다.
③남자는 전철에 열쇠를 두고 내렸다.
④여자는 약속 시간에 늦었다.

048

□ □ 4. 여: ______________________

남: ______________________

여: ______________________

남: ______________________

①여자는 여름에만 장사를 한다.
②여자는 요새 장사가 안 돼서 걱정이다.
③남자는 힘들 때도 잘 참아 왔다.
④남자는 얼마 후에 가게의 문을 닫을 예정이다.

049

□ □ 5. 남: ______________________

여: ______________________

남: ______________________

여: ______________________

①남자는 짐이 너무 많아서 지하철을 탈 수 없다.
②요새 여기저기 세일을 하고 있어 남자는 쇼핑을 많이 한다.
③여자는 지하철을 이용해서 갈 것이다.
④여자는 남자에게 함께 택시 타자고 했다.

050

□ □ 6. 여: ______________________

남: ______________________

여: ______________________

남: ______________________

①남편이 부인에게 대청소를 도와 달라고 한다.
②남편은 일 때문에 대청소를 할 수 없다.
③아이들은 청소를, 부부는 빨래를 할 것이다.
④가족이 함께 대청소를 할 예정이다.

051

□ □ 7. 남: ______________________

여: ______________________

남: ______________________

여: ______________________

①남자는 급한 일이 생겨서 친구를 만날 수 없다.
②여자는 남자 대신에 남자 어머니를 마중 나갈 것이다.
③남자 어머니는 통통한 편이고 안경을 썼다.
④남자는 어머니 사진을 가지고 있지 않다.

052

□ □ 8. 여: ______________________

남: ______________________

여: ______________________

남: ______________________

①여자는 배우의 얼굴이 잘생겨서 좋았다.
②여자도 남자도 영화에 만족하고 있다.
③남자는 영화 본 것을 후회하고 있다.
④영화 속 배우는 연기는 잘하지만 얼굴은 보통이다.

この問題に効く！ **応答・内容理解問題**

(解答は P.162 ～)

053 (解答時間 20 秒)

■ 次の文章は何を説明したものなのか、適切なものを１つ選んでください。

054

□ □ 1.

① ②

③ ④

055

□ □ 2.

① ②

③ ④

056

■ 文章を聞いて、その内容と一致するものを１つ選んでください。

057

□ □ 3. __________

①

②

③

④

058

□ □ 4. __________

①

②

③

④

STEP 3 合格徹底ドリル 聞き取り

059

■ 次の対話はどこで行われているのか、適切なものを１つ選んでください。

060

□ □ 5．여: ______

남: ______

여: ______

남: ______

① ______ ② ______

③ ______ ④ ______

061

□ □ 6．여: ______

남: ______

여: ______

남: ______

① ______ ② ______

③ ______ ④ ______

062

■ 対話文を聞いて、その内容と一致するものを１つ選んでください。

063

□□ 7． 여: ______________________

남: ______________________

여: ______________________

남: ______________________

① ______________________

② ______________________

③ ______________________

④ ______________________

STEP 3 合格徹底ドリル 聞き取り

064

□ □ 8. 여: ______________________

남: ______________________

여: ______________________

남: ______________________

① ______________________

② ______________________

③ ______________________

④ ______________________

この問題に効く！ **発音問題**

（解答は P.167 ～）

■ 下線部を発音どおり表記したものを１つ選びましょう。

□ □ 1．볼일이 끝나자마자 여기까지 뛰어왔어요.
①[볼니리] ②[보리리] ③[볼릴니] ④[볼리리]

□ □ 2．한여름에는 무더위 때문에 고생 좀 해야 해요.
①[한녀르메는] ②[하녀르메는]
③[한려르메는] ④[할려르메는]

□ □ 3．제 친구 스물여섯 살인데 미성년자로 보는 사람들이 많아요.
①[스무려선싸린데] ②[스물녀선싸린데]
③[스물려선싸린데] ④[스무녀선싸린데]

□ □ 4．비가 오고 바람이 많이 불어서 꽃잎이 떨어졌어요.
①[꼰니피] ②[꼳니피] ③[꼬디피] ④[꼬치피]

□ □ 5．아름다운 꽃 위에 벌이 날아 다녀요.
①[꼰뉘에] ②[꼬뒤에] ③[꼬취에] ④[꼬쉬에]

□ □ 6. 버스를 탔는데 앉을 데가 없어서 서 있었어요.

①[안즐떼가] ②[안쯜데가]

③[아늘떼가] ④[안즐데가]

□ □ 7. 이거 못 외우면 내일 시험에 합격하는 건 어려울 거예요.

①[모쇠우면] ②[몬뇌우면]

③[모되우면] ④[몯뇌우면]

□ □ 8. 어디 아파요? 무슨 약을 먹는 거예요?

①[무스냐글] ②[무슨냐글]

③[무슬랴글] ④[무슨랴글]

□ □ 9. 내일 색연필이랑 가위를 준비해 오세요.

①[생년피리랑] ②[새겨피리랑]

③[색년피리랑] ④[새겨필리랑]

□ □ 10. 삼계탕 몇 인분을 주문할까요?

①[며친부늘] ②[며틴부늘]

③[며딘부늘] ④[면닌부늘]

□ □ 11. 식용유하고 참기름 중에서 뭘 넣는 게 좋을까?

①[시공뉴하고] ②[시공류하고]

③[싱용뉴하고] ④[싱용류하고]

合格徹底ドリル 筆記②

穴埋め①

この問題に効く！ **語彙・文法問題**

（解答は P.168 ～）

■（　　　）の中に入れるのに最も適切なものを１つ選びましょう。

□□1. 요즘은 남녀노소 불문하고 (　　　)를/을 즐겨 입는다.
①포장마차　②비둘기　③청바지　④사랑방

□□2. 우리 부부는 아기가 태어난 후에도 계속 (　　　)를/을 하고 있다.
①입가심　②자외선　③잠꾸러기　④맞벌이

□□3. 지난주부터 집에서 (　　　)를/을 키우고 있는데 내가 매일 밥을 주고 있습니다.
①별자리　②전봇대　③민들레　④금붕어

□□4. 아무리 물을 마시고 노력을 해도 (　　　)가/이 멈추지 않는다.
①형광등　②일자리　③딸꾹질　④혈압

□□5. 전주는 비빔밥 같은 맛있는 음식도 많고 (　　　)도 많다.
①평판　②볼거리　③학용품　④경기

□ □ 6. 여동생은 ( )가/이 있어서 처음 보는 사람과도 얘기를 잘한다.

①붙임성 ②과반수 ③구두쇠 ④깍쟁이

□ □ 7. 어제 백화점 앞에서 ( )를/을 당해서 지갑을 잃어버렸어요.

①단념 ②당일치기 ③동그라미 ④소매치기

□ □ 8. ( )는/은 건강에 좋은 야채이지만 우리 아이는 안 먹으려고 한다.

①울타리 ②시금치 ③해바라기 ④홍삼

□ □ 9. 여행은 이 일 먼저 ( )를/을 짓고 나서 생각해 봅시다.

①재채기 ②몸조리 ③발걸음 ④일단락

□ □ 10. 다음 달에 결혼하는 고등학교 친구한테서 ( )를/을 받았다.

①촬영 ②청첩장 ③사표 ④손가락질

□ □ 11. 바로 앞만 보지 말고 멀리 앞을 ( ) 수 있어야 한다.

①가로지를 ②앞세울 ③내다볼 ④짊어질

□ □ 12. 이번 경기에서 세계 신기록이 나왔기 때문에 지금까지의 내 기록이 ( ) 말았다.

①짖고 ②치우고 ③깨지고 ④달아나고

□□13. 사과하러 온 친구를 그대로 (　　　) 것을 후회하고 있다.
①돌려보낸　②돌본　③늘어놓은　④뒤따른

□□14. 저희 회사의 실수로 큰 불편을 드린 점에 대해 (　　　) 사과의 말씀을 올립니다.
①심심한　②비참한　③잠잠한　④지긋지긋한

□□15. 이 선수에 (　　　) 선수는 얼마 전에 금메달을 딴 그 선수밖에 없다.
①마주치는　②맞대는　③말리는　④맞먹는

□□16. 이번에 여러분에게 (　　　) 될 신제품은 두 가지나 됩니다.
①비롯되게　②받치게　③선보이게　④표하게

□□17. 무슨 일이 있어도 내 편을 들어 주는 (　　　) 친구가 있어서 행복해요.
①간지러운　②든든한　③냉정한　④무심한

□□18. 뛰어왔더니 숨이 (　　　) 잘 얘기할 수가 없어요.
①가빠서　②별나서　③산뜻해서　④차분해서

□□19. 일이 바빴지만 부장님의 명령이었기 때문에 (　　　) 먼저 했어요.
①터무니없어　②허물없어　③건방져서　④마지못해

STEP 3 合格徹底ドリル 筆記

□□20. (　　　) 울지만 말고 어떻게 된 일인지 제대로 얘기해 보세요.

①흐뭇하면　②억울하면　③나른하면　④신기하면

□□21. 무슨 얘긴지 못 알아듣겠으니까 (　　　) 요점만 얘기해 보세요.

①곰곰이　②짤막하게　③그나저나　④머지않아

□□22. 왜 갑자기 회사를 그만두었는지 과장님의 행동이 (　　　) 이해가 안 된다.

①통틀어　②도무지　③차츰　④일제히

□□23. 다이어트는커녕 (　　　) 살이 쪄서 요새 고민이에요.

①갈수록　②선뜻　③요컨대　④좀처럼

□□24. (　　　) 내가 제일 싫어하는 선배가 여동생 남자 친구라니 어이없다.

①하도　②하필　③자칫　④어쩐지

□□25. 빨리 졸업하고 싶었는데 (　　　) 졸업하고 나니 좀 서운하네요.

①막상　②으뜸　③이만　④더러

□□26. 이번 올림픽에서 우리 선수들이 금메달을 (　　　) 20개나 땄어요.

①단　②수없이　③무려　④이왕

□□27. 올해 들어 (　　　　) 좋은 소식들만 들어와서 너무 행복하다.

①여간　②진작　③힐끗　④연달아

□□28. A：대학 입시 준비하고 있다면서요? 힘 내세요.

B：네, 고마워요. (　　　　) 힘낼 거예요.

①가슴이 터지지만　②귀에 거슬리지만

③갈 길이 멀지만　④꼬리가 길지만

□□29. A：이번 경기 어땠어요?

B：(　　　　) 노력해도 안 되는 일이 있네요.

①등을 밀어　②말을 트고

③기를 쓰고　④모양을 내고

□□30. A：반가워요. 대리 이상민입니다.

B：신입 사원 김민준입니다. 회사에서 주의할 점이 있으면 가르쳐 주십시오.

A：우리 부장님의 (　　　　) 조심하세요.

①발 벗고 나서지 않도록　②바가지를 긁지 않도록

③미역국을 먹지 않도록　④눈 밖에 나지 않도록

□□31. A：이번 프로젝트를 위해서 좋은 의견이 있으면 얘기해 보세요.

B：아무리 (　　　　) 좋은 생각이 안 떠올라요.

①머리를 숙여도　②머리를 스쳐도

③머리를 짜도　④머리가 터져도

□ □ 32. A : 그 가수 요새 텔레비전에 안 나오네요.

B : 그동안 이상한 소문 때문에 (   ).

A : 정말요? 그래서 활동을 전혀 안 했군요.

①무게를 잡았대요　　②무릎을 맞댔대요

③문자를 썼었대요　　④몸살을 앓았대요

□ □ 33. A : 이번 여행 즐거웠어요?

B : 네, 정말 즐거웠어요. 그런데 여행 중에 갔던 가게에서 (   ).

A : 아직도 그런 가게가 있군요. 조심해야겠네요.

①바가지를 썼어요　　②바닥이 났어요

③바람을 맞았어요　　④벽에 부딪혔어요

□ □ 34. A : 이번에 동료가 승진했다면서요?

B : 네, 근데 사실은 동료가 행복해하는 걸 보니 (   ).

①발이 넓어요　　②속이 검어요

③배가 아파요　　④손이 부끄러워요

□ □ 35. A : 아까 학생들이 너무 시끄러웠죠?

B : 네, 그런데 선생님이 교실에 들어오시자 (   ) 조용해졌어요.

A : 선생님이 무서운가 보네요.

①한마음 한뜻으로　　②혹시나 해서

③쥐 죽은 듯이　　④판에 박은 듯

□ □ 36. A : 자동차 새로 사셨어요?

B : 네, 보너스를 타서 (　　　　　) 자동차를 새로 샀어요.

①큰맘 먹고　　　②품을 팔고

③치고받고　　　④재미를 붙이고

□ □ 37. A : 어제 회사 끝나고 뭐 했어요?

B : 부장님한테 (　　　　　) 술 마시러 갔어요.

①신경을 끄고　　　②한 소리 듣고

③시간을 때우고　　　④소리를 죽이고

□ □ 38. A : 영미 씨는 무슨 요리 제일 좋아해요?

B : (　　　　　) 어머니가 만들어 주신 요리가 최고지요.

A : 맞아요. 저도 이번 연휴에는 고향에 가서 어머니 요리 먹어야겠어요.

①무슨 바람이 불어서　②미우나 고우나

③뭐니 뭐니 해도　　　④밤낮을 가리지 않고

□ □ 39. A : 무슨 걱정이라도 있으세요?

B : 실은 어제 남편이랑 싸웠는데 남편이 집을 나갔어요.

A : (　　　　　) 내버려 두세요. 화가 풀리면 집에 들어올 거예요.

①그도 그럴 것이　　　②그럼에도 불구하고

③그러거나 말거나　　　④그렇다 치더라도

□ □ 40. A : 고등학교에 들어가니 공부 잘하는 학생들이 너무 많아요.

B : (　　　　　　)(이)라고 하잖아. 그러니까 너도 뒤떨어지지 않으려면 열심히 해.

①도마 위에 오른 고기　②무소식이 희소식

③우물 안 개구리　④범에게 날개

□ □ 41. A : 이번에 회사 그만두고 공무원 시험을 볼까 해요.

B : 도대체 이번이 몇 번째니? (　　　　　　)는 말이 있잖아.

①고생을 사서 한다

②고양이한테 생선을 맡긴다

③개구리 올챙이 적 생각 못 한다

④우물을 파도 한 우물을 파라

□ □ 42. A : 어제 뉴스에서 봤는데 그 사람이 대통령 선거에 나온대요.

B : 그 사람이 대통령 후보로 나와도 (　　　　　　) 떨어질 거예요.

①과대망상　②십중팔구　③호시탐탐　④정정당당

□ □ 43. A : 엄마, 저 내일부터 매일 아침 일찍 일어나서 운동할 거예요.

B : 이번에야말로 (　　　　　　)가/이 되지 않도록 열심히 해야 한다.

①남존여비　②대동소이　③작심삼일　④반신반의

(解答は P.177 ～)

この問題に効く！ **語彙・文法問題**

必修項目で確認！➡ P.36～ 助詞
➡ P.40～ 語尾
➡ P.54～ 表現

■（　　　　）の中に入れるのに適切なものを１つ選びましょう。

□□1. 이번 여행 멀리 가는 건 무리고 당일치기(　　　　) 가능할 것 같아요.

①마저　②만큼　③나　④조차

□□2. 오늘(　　　　) 밥맛이 없는데 어디 먹을 만한 가게 없을까?

①따라　②이고　③이란　④이며

□□3. 너(　　　　) 취직해 버리면 이제 나 혼자 어떻게 공부하냐.

①더러　②에게서나　③마저　④야

□□4. 부하에게 성희롱을 할 생각은 티끌(　　　　) 없었어요. 믿어 주세요.

①만치도　②이며　③이야　④치고는

□□5. 이런 일은 영화나 드라마의 세계(　　　　) 있을 수 있는 장면이에요.

①에서부터　②에서나　③에게서나　④에게로

□□6. 해외여행(　　　　) 국내 여행도 제대로 다녀 본 적 없다.

①이든가　②만큼도　③은커녕　④한테서나

□□7. 퇴근 시간을 (　　　　) 점심도 안 먹고 일을 빨리 끝냈다.

①앞당기고도　②앞당기고자

③앞당기기로　④앞당긴다든가

□□8. 싸운 후에 친구가 먼저 (　　　　) 화해했다.

①사과하느냐든지　②사과하고서도

③사과하길래　④사과하는데도

□□9. 가족들이 맛있게 (　　　　) 매일 아침 준비를 하겠습니다.

①먹어 준다면야　②먹어 준다든가

③먹어 주다시피　④먹어 주더니마는

□□10. 아픈데 회사에 (　　　　) 결근을 하고 집에서 푹 쉬는 게 나을 거예요.

①가니까는　②간다든지　③가느니　④가더니마는

□□11. 여동생은 처음 본 사람에게 낯가림을 (　　　　) 얘기를 잘 못해요.

①하더니　②하느라고　③하던지　④할지라도

□□12. 학교에 가기 싫어서 꾀병을 (　　　　) 정말 실망이에요.

①부려야　②부릴수록　③부리다니　④부리려니까

□□13. (　　　　) 전 출세하고는 거리가 먼 사람이에요.

①아시다시피　②아시더니

③아시더라도　④아시나

□□14. 좋아하는 햄버그도 매일 (　　　　) 이제 질린다.

①먹던데　②먹는다거나

③먹었더니　④먹으리라고

□□15. 이 영화도 몇 번이나 (　　　　) 이제 재미없다.

①봤으리라고　②보고서야

③보기로　④봤더니마는

□□16. 내가 금메달을 (　　　　) 꿈에도 생각 못 했다.

①따리라고　②따더니마는　③딴다든지　④따라든가

□□17. 아무리 잔소리를 (　　　　) 나아질 리가 없다.

①해 봤댔자　②해 보자니까

③해 보느니만큼　④해 보길래

□□18. 일을 하다 다시 공부를 (　　　　) 뭐부터 시작해야 좋을지 모르겠어요.

①시작하거든　②시작하고자

③시작하느니　④시작하자니

STEP 3 合格徹底ドリル 筆記

□ □ 19. 학생들에게 매일 아침 운동을 (　　　　).

①하게 마련이다　　②하고 난다

③하게끔 한다　　④하고 보자

□ □ 20. 사람이라면 누구나 (　　　　).

①실수하고자 한다　　②실수하기 나름이다

③실수하기 마련이다　　④실수하기까지 한다

□ □ 21. 이번에는 꼭 그 팀을 (　　　　).

①이기는 법이다　　②이긴 듯하다

③이기고 말겠다　　④이기나 싶다

□ □ 22. 식사가 (　　　　) 게임을 시작했다.

①끝난 탓에　　②끝나는 바람에

③끝나는 식으로　　④끝나기가 바쁘게

□ □ 23. 이 시험에 (　　　　) 선생님이라도 무리다.

①합격하기만 해도　　②합격하기란

③합격하고 나서　　④합격하고 나면

□ □ 24. 내가 (　　　　) 아무 문제 없이 끝날 수 있다.

①참고 말고는　　②참기만 하면

③참기에는　　④참고 해서

□ □ 25. 우리 반 친구들 모두 대학에 합격해서 (　　　　).

①기쁘기만 하다　　　　②기쁜가 싶다

③기쁘기 한이 없다　　　④기쁜 탓이다

□ □ 26. 감기에 (　　　　) 두통까지 있어서 너무 힘들어요.

①걸린 데다가　　　　②걸린 만큼

③걸린지 모르고　　　④걸린 바와 같이

□ □ 27. A : 이렇게 날씨가 (　　　　) 에어컨을 틀지 않다니.

B : 사실은 어제 에어컨이 고장 났거든요. 수리하려면 좀 시간이 걸릴 것 같아요.

①더운 줄 모르고　　　②더운 데도 불구하고

③더운 채로　　　　　④더운 감이 있어서

□ □ 28. A : 우리 아이는 아무리 하지 말라고 해도 제 말을 안 들어요.

B : 하지 말라고 하면 아이들은 더 (　　　　).

①하고 싶어 하는 법이에요　②하고 싶은 척해요

③하는 법이 없어요　　　④하는 참입니다

□ □ 29. A : 둘이 그렇게 사이가 좋더니 얼마 전에 이혼하고 남편은 해외로 갔대.

B : 어차피 부부는 이혼하면 (　　　　).

①남인 셈이지　　　②남인 줄 알았다

③남인 체한다　　　④남에 그치지 않는다

STEP 3 合格徹底ドリル 筆記

□ □ 30. 늦잠을 자서 (　　　　) 많은 사람들에게 폐를 끼쳤다.

①지각한 탓에　　②지각한다 할지라도

③지각한대서야　　④지각한다 치더라도

□ □ 31. (　　　　) 빨리 전화해 보세요.

①가고 안 가고는 둘째 치고　　②안 가는 바람에

③가나 안 가나 싶어서　　④가는 한이 있더라도

□ □ 32. 배탈이 (　　　　) 친구하고의 약속도 취소했다.

①나는 법이 없어서　　②나는 수가 있어서

③나는 날에는　　④나는 바람에

□ □ 33. 거짓말하는 친구한테 (　　　　) 화를 냈어요.

①참던 차에　　②참을 바에

③참다 못해　　④참을 셈으로

□ □ 34. 내 친구는 너무 재미있고 (　　　　) 인기가 많다.

①착하다 보니까　　②착하다 치더라도

③착하대서　　④착하기만 해도

□ □ 35. A : 어제 결근했던데 어디 아파요?

B : 요새 (　　　　) 또 감기에 걸렸어요.

①건강할 바에　　②건강할 셈으로

③건강하다 싶더니　　④건강한 만큼

□ □ 36. 아무리 외국어를 (　　　　) 네이티브만큼 잘하겠어?

①잘하던 터에　②잘한대야

③잘할 듯해서　④잘할 테고

□ □ 37. A：대학원에 진학하기로 결정한 거야?

B：응, (　　　　) 선배의 조언을 듣고 결심했어.

①망설이고 있던 참에　②망설이고 있을 텐데

③망설이란 듯이　④망설이려던 참에

□ □ 38. A：요새 어디 갔다 왔니? 전혀 얼굴을 못 봐서.

B：오랜만에 친구도 (　　　　) 프랑스로 여행을 다녀왔다.

①볼 만해서　②보란 듯이　③볼 테고　④볼 겸

□ □ 39. 바쁘신데 일부러 도와주셔서 (　　　　).

①고마우려다 말았어요　②고마울 따름이에요

③고마울 텐데요　④고마울 수가 있어야지요

□ □ 40. A：아까 친구랑 싸워서 선생님한테 혼났어.

B：지각한 데다가 친구랑 싸우기까지 선생님한테 (　　　　).

①혼날 만하네　②혼날 줄 몰랐어

③혼날 듯해요　④혼나면 못써요

□ □ 41. 내일 비 많이 (　　　　) 우산 준비해서 나가세요.

①오리라고는　②올까 싶어서

③올 텐데　④오겠다 싶어서

STEP 3 合格徹底ドリル 筆記

□ □ 42. A : 여기까지 정말 뛰어왔단 말이야?

B : 응, 그래도 요새 체력이 (   ).

①옛날만 같아　　　②옛날만 같지 못해

③옛날에 그치지 않아　④옛날에 불과해

□ □ 43. 아무리 노래를 잘해도 (   )?

①가수인 셈이죠　　②가수지 않나 싶어요

③가수만 하겠어요　④가수만 못하겠어요

□ □ 44. A : 티비 보니까 그 가수 생각보다 소박하더라.

B : 그러게. 자기는 연예인이지만 학교에서는 (   ) 했어.

①여고생에 불과하다고　②여고생이지 않나 싶다고

③여고생이라면 못쓴다고　④여고생이면 뭐하냐

□ □ 45. A : 숙제를 집에 놓고 왔다고? 그럼 집에 빨리 전화해 봐.

B : 집에 지금 아무도 (   ).

①없으면 뭐가 어때요　②없지 싶은데요

③있지 않나 싶어요　④있지 않겠어요

合格徹底ドリル 筆記④

置き換え表現

この問題に効く！ **語彙・文法問題**

必修項目で確認！➡ P.54～ 表現
➡ P.73～ 慣用句

（解答は P.184 ～）

■ 次の文の意味を変えずに、下線部の言葉と置き換えが可能なものを１つ選びなさい。

□ □ 1. 부모님은 <u>비가 오나 눈이 오나</u> 자식 걱정만 해요.
①매일같이 ②그럭저럭 ③남김없이 ④쉬엄쉬엄

□ □ 2. 언제쯤에 <u>국수 먹여 줄</u> 거야?
①곁들일 ②헤아릴 ③결혼할 ④얼릴

□ □ 3. 요즘 계속 <u>그늘진</u> 얼굴을 하고 있어서 걱정이에요.
①수줍은 ②졸린 ③우울한 ④환한

□ □ 4. 아이가 어머니에게 <u>야단을 맞고</u> 울고 있어요.
①혼나고 ②까불고 ③놀리고 ④조르고

□ □ 5. 듣기 싫은 소리도 다 <u>피가 되고 살이 되니까</u> 잘 들으세요.
①앞으로 도움이 되니까 ②금이 가니까
③대접을 받으니까 ④꾀를 부리니까

□□6. 가진 게 없지만 정말 착한 사람이에요.

①간절하지만 ②가난하지만

③끈질기지만 ④비겁하지만

□□7. 10년이나 일했던 회사에서 목이 날아가다니 믿을 수가 없어요.

①깨닫다니 ②달래다니 ③따라잡다니 ④잘리다니

□□8. 한겨울에 무거운 몸으로 외출했어요.

①든든한 몸으로 ②임신한 몸으로

③메스꺼운 몸으로 ④토한 몸으로

□□9. 우리 남편은 귀가 얇아서 걱정이에요.

①남의 말을 잘 믿어서 ②남의 말을 덧붙여서

③금방 눈치를 채서 ④금방 소리를 질러서

□□10. 유학을 가고 싶었지만 가족들의 반대 때문에 결국 생각을 접을 수밖에 없었어요.

①내려다볼 수밖에 없었어요

②포기할 수밖에 없었어요

③당황할 수밖에 없었어요

④두드러질 수밖에 없었어요

□□11. 아버지도 큰아버지도 국회의원인데 이번 일로 옷을 벗게 됐어요.

①삼가게 ②앉히게 ③그만두게 ④무너지게

□ □ 12. 아버지가 먼저 세상을 뜨시고 어머니가 혼자서 우리들을 길러 주셨어요.

①돌아가시고　②갚으시고

③내던지시고　④물러서시고

□ □ 13. 딸을 이렇게 젊은 나이에 결혼시키고 싶은 마음은 손톱만큼도 없어요.

①살짝　②그토록　③전혀　④비로소

□ □ 14. 연말연시에는 회사 일 때문에 눈코 뜰 새 없어요.

①아주 그리워요　②너무 바빠요

③새삼스러워요　④어지러워요

□ □ 15. 말을 듣지 않는 아이에게 엄하게 야단을 쳤어요.

①혼냈어요　②타일렀어요　③재웠어요　④다투었어요

□ □ 16. 컴퓨터 앞에 엉덩이를 붙이고 꼼짝도 안 해요.

①굴러서　②내밀고　③씌우고　④앉아서

□ □ 17. 이번 일로 큰소리 나지 않도록 주의해 주세요.

①문제가 생기지 않도록　②값을 매기지 않도록

③눈에 거슬리지 않도록　④흥이 깨지지 않도록

□ □ 18. 친구와 함께 사업을 시작했다가 피를 봤다.

①대시를 했다　②돌파를 했다

③수저를 놓았다　④손해를 봤다

□ □ 19. 영화에서 낯이 간지러운 장면이 몇 번이나 나왔어요.
①달콤한 ②바람직한 ③우스운 ④쑥스러운

□ □ 20. A : 어제 늦게까지 술 마셨어요?
B : 어제 회식이 있었는데 과음해서 기억이 하나도 안 나요.
①자리를 떴어요 ②주머니가 넉넉했어요
③입을 내밀었어요 ④필름이 끊겼어요

□ □ 21. A : 이번에 개발하신 신제품 반응이 정말 좋다면서요? 축하드립니다.
B : 감사합니다. 많은 실수와 실패를 거치면서 이번 신제품을 개발했어요.
①시행착오를 ②단도직입을
③미사여구를 ④생사고락을

□ □ 22. A : 어제 사거리 앞 빌딩에 불이 났다던데 인명 피해는 없대요?
B : 네, 불이 번져서 위험했지만 건물 안의 사람들 모두 죽을 뻔하다 살았대요.
①불가사의로 ②속수무책으로
③전대미문으로 ④구사일생으로

合格徹底ドリル 筆記⑤

共通語彙

この問題に効く！ **語彙・文法問題**

(解答は P.188 ～)

■ 全ての(　　　　)の中に入れることができるもの(用言は適当な活用形に変えてよい)を１つ選びましょう。

□ □ 1. ・오늘은 비도 오고 (　　　)가/이 많이 불어서 외출하기 싫어요.
・(　　　)를/을 피운 남편 때문에 화가 난 부인은 결국 이혼을 했다.
・요새 우리 동네에 선거 (　　　)가/이 불고 있어요.
①바람　②뚜껑　③마개　④비탈

□ □ 2. ・종이 비행기를 만들어 공원에서 (　　　) 봤어요.
・이 분은 새로운 연구로 명성을 (　　　) 있는 선생님이세요.
・새로운 사업을 시작했지만 잘되지 않아 재산만 (　　　).
①얕잡다　②저지르다　③훔치다　④날리다

□ □ 3. ・문이 (　　　) 열쇠가 없어서 못 들어갔어요.
・어제 노래방에서 노래를 많이 불렀더니 목이 (　　　) 버렸어요.

·수업 중에 깊은 생각에 (   ) 선생님의 설명을 못 들었어요.

①헐다　　②잠기다　　③겹치다　　④재다

□□4. ·나무에 열매가 (   ) 시작했다.

·울지 않으려고 했지만 자꾸 눈물이 (   ) 참기 힘들었어요.

·그때 일이 가슴속에 (   ) 잊을 수가 없어요.

①풍기다　　②맺히다　　③터뜨리다　④넘치다

□□5. ·이 술은 너무 독해서 물에 (   ) 마시는 게 좋을 거예요.

·오늘은 월급을 (   ) 날이라 아침부터 기분이 좋아요.

·저는 더위를 (   ) 여름에는 밖에 나가기 너무 힘들어요.

①튀기다　　②가르다　　③타다　　④붇다

□□6. ·파티에 참가한 사람들은 가면으로 얼굴을 (   ) 누가 누군지 모르겠다.

·우리 아이는 아직도 음식을 (   ) 걱정이에요.

·이제 어른이니까 때와 장소를 (   ) 행동하세요.

①꾸미다　　②더듬다　　③캐다　　④가리다

□□7. ·태풍 때문에 어쩔 수 없이 출발을 (   ).

·뭐든지 남에게 책임을 (   ) 것은 좋지 않아요.

·이번 결과로 (   ) 봐서 모두들 많이 노력한 것 같다.

①미루다 ②밀리다 ③바로잡다 ④비키다

□□8. ・어제 누군가가 이곳에 불을 ( ) 야단이 났어요.
・학교 복도에서 소리 ( ) 안 돼요.
・이 길로 ( ) 가면 20분은 빨리 갈 수 있어요.
①찌르다 ②지르다 ③찍히다 ④치르다

□□9. ・오늘 친구를 만나서 이번 여름 휴가 계획을 ( ) 생각이에요.
・설거지가 끝나고 깨끗하게 빤 행주를 잘 ( ) 말렸어요.
・이 공장에서는 사람들이 직접 천을 ( ) 옷을 만들어요.
①긁다 ②긋다 ③짜다 ④뜨다

□□10. ・집에 손님이 오자 강아지는 현관에 나가 꼬리를 ( ).
・주말에는 산에 가서 텐트를 ( ) 캠핑을 했어요.
・점을 아주 잘 ( ) 사람이 있다고 들어서 어제 가 봤어요.
①치다 ②뜯다 ③말다 ④잇다

□□11. ・수도를 ( ) 양동이에 물을 받았어요.
・오늘 내가 좋아하는 가수가 나온다던데 티비 좀 ( ) 볼까.
・사거리에서 오른쪽으로 ( ) 5분 정도만 가면 우리 회사가 나와요.
①물다 ②붓다 ③쏘다 ④틀다

合格徹底ドリル 筆記⑥

対話文完成

この問題に効く！ **語彙・文法問題**

（解答は P.191 ～）

■ 対話文を完成させるのに最も適切なものを１つ選びましょう。

□ □ 1. A：갑자기 전화해서 이런 부탁을 드려도 될지 모르겠네요.
B：(　　　　　　　　　　　　　　)
A：실은 모레부터 여행을 가는데 우리 집 강아지를 맡아 주실 수 있나 해서요.
①미나 씨 가위바위보로 정합시다.
②미나 씨의 생각을 차근차근 말해 보세요.
③미나 씨 부탁인데 들어 주고말고요.
④미나 씨는 마음씨가 정말 고운 것 같아요.

□ □ 2. A：우리 회사 근처에 이탈리안 레스토랑이 새로 생겼어요.
B：(　　　　　　　　　　　　　　)
A：엄청 인기 있나 보네요. 나도 언제 한번 가 봐야겠어요.
①맞아요. 우리 회사 앞에는 음식점이 정말 많아요.
②알아요.가게 앞에서 한 시간 정도 기다리고서야 겨우 먹을 수 있대요.
③이탈리아 요리 너무 좋아하는데 기대되네요.
④들었어요. 요리사가 이탈리아 사람이래요.

□□3. A：요리 잘한다면서요? 집에 놀러 가면 요리해 줄 거예요?

B：(　　　　　　　　　　)

A：무슨 그런 겸손의 말을. 회사 사람들이 요리 잘한다고 칭찬하던데요.

①저는 배달 음식을 자주 먹어서 맛있는 집을 잘 알아요.

②제가 요즘 밥맛이 없는데 밖에서 같이 사 먹으면 안 될까요?

③우리 집에 오시면 같이 바비큐 해서 먹어요.

④내가 요리를 하느니 밖에서 사 먹는 게 훨씬 맛있을 거예요.

□□4. A：다음 달에 있는 마라톤 대회에 같이 안 나갈래요?

B：(　　　　　　　　　　)

A：대회까지 아직 시간 있으니까 같이 연습하면 문제없을 거예요.

①작년에 마라톤 대회에 나간 적이 있거든요.

②제가 뛰는 거 정말 좋아해요. 요새도 매일 아침 한 시간씩 뛰어요.

③아시다시피 전 운동하고는 거리가 먼 사람이에요.

④요새 회사 일이 너무 많아서 주말에도 회사에 가요.

□□5. A：발표가 생각했던 것하고 많이 다른데 먼저 실례해도 될까요?

B：(　　　　　　　　　　)

A：할 수 없네요. 근데 언제 끝나는데요?

①못마땅하더라도 발표를 끝까지 들으세요.

②발표할 때 떠듬떠듬하면 안 되니까 충분히 연습하세요.
③9시에 시작했으니까 이제 30분 정도 남았어요.
④다음 발표 준비를 부탁해도 될까요?

□□6. A：이 영화 이번에 관객이 안 모여서 계획보다 상영이 빨리 끝난대.
B：(　　　　　　　　　　　)
A：내용은 좋지만 유명 배우가 안 나와서 그런 거 아닐까?
①그럼 우리는 이번 주말에 만나서 이 영화 보자.
②나 지난주에 봤는데 정말 재미있던걸. 왜 인기가 없을까?
③특히 20대 여성들에게 인기가 많다고 하더라.
④영화 시작부터 끝까지 너무 재미있어서 계속 웃게 된대.

□□7. A：어제 수업 시간에 발표한다고 했는데 잘 했어요?
B：(　　　　　　　　　　　)
A：그래도 열심히 준비해서 갔으니까 잘 했을 거라고 믿어요.
①그냥 지난주부터 열심히 준비했거든요.
②아니요. 막상 앞에서 발표하려니 긴장돼서 아무 생각도 안 나더라고요.
③네, 특별히 문제없이 발표는 끝났어요.
④사람들 앞에서 자신만만하게 발표했어요.

□□8. A：지난번에 빌린 돈하고 같이 갚을 테니까 돈 좀 빌려줄래?
B：(　　　　　　　　　　　)
A：너무 급한 일이라서 그래. 미안하지만 이번 한번만 봐줘.

①벌써 몇 번째야? 정말 뻔뻔함에도 정도라는 게 있어.
②괜한 부탁해서 너한테 폐만 끼친다.
③네가 아무리 얘기해도 난 끄떡없어.
④일이 아직 덜 돼서 어떻게 될지 잘 모르겠어.

□□9. A：결혼하고 나서 부인하고 많이 싸우시나요?
B：(　　　　　　　　　　　　　　)
A：지금은 그래도 2, 3년 지나면 서로 이해하게 될 거예요.
①아니요. 신혼이라 매일 사이좋게 지내고 있어요.
②특별히 싸울 일은 없지만 서로 일이 너무 바빠요.
③네. 이런 사소한 일로도 싸우는구나 싶을 정도예요.
④싸울 때도 있지만 되도록 서로 이해하려고 노력해요.

(解答は P.194 ～)

この問題に効く！ **漢字問題**

必修項目で確認！➡ P.33～ 漢字

■ 下線部の漢字と同じハングルで表記されるものを1つ選びましょう。

□□1. 商業

①賞　②将　③証　④章

□□2. 関税

①感　②換　③漢　④慣

□□3. 装置

①総　②相　③長　④超

□□4. 情勢

①乗　②条　③声　④整

□□5. 除隊

①助　②所　③題　④再

□□6. 支援

①始　②詞　③自　④地

□ □ 7. 倉庫

①窓　②想　③障　④性

□ □ 8. 解説

①階　②開　③害　④外

□ □ 9. 間隔

①各　②格　③核　④確

□ □ 10. 軽率

①形　②系　③計　④敬

□ □ 11. 信念

①身　②侵　③寝　④親

□ □ 12. 住宅

①重　②就　③駐　④手

合格徹底ドリル 筆記⑧

読解

（解答は P.196 ～）

この問題に効く！ **読解問題**

■ 文章または対話文を読んで【問１】～【問２】に答えてください。

１.

흔히 스트레스 때문에 암이 생긴다고 알고 있습니다. 그런데, 암과 스트레스는 별로 관계가 없다는 연구 결과가 나왔습니다. 미국의 한 잡지는 암 환자들이 스트레스 때문에 자신이 암에 걸렸다고 생각하지만 살아가는데 스트레스를 안 받는 사람은 없기 때문에 암 발생과 스트레스는 관계가 없다면서 암 발생과 스트레스의 관계에 대한 최근의 연구를 소개했습니다. 이 연구 결과에는 심한 스트레스 상황에 있는 사람과 그렇지 않은 사람 사이에 암 발생률에 차이가 없었습니다.

【問１】本文のタイトルとして最も適切なものを１つ選びなさい。

①암 환자들의 치료 방법
②스트레스와 암 발생과의 관계
③스트레스에 관한 잡지 소개
④암에 관한 최근의 연구 소개

【問２】本文の内容と一致するものを①～④の中から１つ選びなさい。

①사람들은 암에 걸리면 스트레스를 많이 받는다.
②스트레스를 받지 않는 사람은 암에 걸리지 않는다.
③스트레스를 받는 사람도 받지 않는 사람도 암 발생률에 차이가 없다.
④미국에는 암에 대한 연구를 소개하는 유명한 전문 잡지가 있다.

２.

남:어디가 불편하세요?

여:그저께 바다에 가서 놀다 왔는데 다음 날 눈이 충혈되고 가려웠어요. 오늘 아침에 일어나니까 눈이 아파요.

남:어디 봅시다. 결막염이군요. 치료를 받으면 금방 나을 것 같아요. 약국에서 약을 사서 드시고 푹 쉬세요.

여:약 먹을 때 주의해야 할 음식 같은 건 없나요?

남:기름기가 많거나 자극적인 음식은 피하도록 하세요.

*) 결막염:結膜炎

【問１】本文で述べられている결막염の症状と関係ないものを１つ選びなさい。

①눈이 아프다.　②두통이 심하다.
③눈이 빨개진다.　④눈이 가렵다.

【問２】対話文の内容から分かることを１つ選びなさい。

①결막염에 걸렸을 때는 머리를 감으면 안 된다.
②약을 먹고 푹 쉬면 금방 낫는다.
③매운 음식을 먹어도 상관없다.
④주사를 맞으면 더 빨리 나을 수 있다.

3.

엄마가 되고서야 알았다. (A)그리고 한 소년과 가족을 통해 깨달았다. (B)누군가를 위해 대신 아팠으면 좋겠다는 말의 진심이 무엇인지, 또 그 말이 얼마나 간절한 것인지를. (C)큰아들이 수술을 해 입원해 있는 동안 옆 침대에 있던 백혈병에 걸린 소년의 가족들을 보며 많은 것을 배웠다. (D)소년의 두려움과 고통을 함께한 아빠, 엄마, 누나들 덕분에 그 소년의 병은 좋아졌고 결국 퇴원도 할 수 있었다. 사랑은 먼 데 있지 않았다. 늘 함께하던 사람들 사이에 있었다. 멀리 있는 것 같지만 아주 가까운 곳에서 그렇게 사랑은 봄처럼 온다.

*) 백혈병 : 白血病

【問１】本文では「아이가 아픈 것이 얼마나 견디기 힘든 '벌' 인지를.」という文が抜けています。この文が入る位置として、最も適切なものを１つ選びなさい。

①(A)　②(B)　③(C)　④(D)

【問２】<u>많은 것을 배웠다</u>と言った理由を１つ選びなさい。

①내가 이제 엄마가 되었기 때문에
②우리 아이가 아파서 병원에 있었기 때문에
③소년 가족을 통해 사랑을 깨달았기 때문에
④내 곁에 늘 함께 사람들이 있었기 때문에

合格徹底ドリル 筆記⑨

訳文

この問題に効く！ **翻訳問題**

（解答は P.198 ～）

■ 下線部の日本語訳として適切なものを１つ選びましょう。

□ □ 1. 아이 때문에 가슴을 앓는 부모님도 많아요.

①胸を痛める　②胸を打つ

③胸を突き刺す　④胸を張る

□ □ 2. 사건은 계속 꼬리를 물고 일어났다.

①相次いで　②長らく　③たまに　④とびとび

□ □ 3. 김치는 손이 많이 가는 음식이에요.

①とても人気のある　②とても手間がかかる

③とても欲しくなる　④みんなに愛されている

□ □ 4. 이번 시험도 날 샜다.

①駄目そうだ　②夜が明けた　③できそうだ　④問題ない

□ □ 5. 낯이 익은 사람이 있어서 가까이 가 봤더니 초등학교 동창이었어요.

①気がある　②見覚えのある

③顔がきれいな　④顔が利く

□□6. 네 눈에 차는 사람이 어디 있니?

①目に触る ②気に入らない ③気がある ④満足する

□□7. 부인이 있는데 바람을 피우다니 간 큰 남자다.

①大胆な男だ ②気が小さい男だ

③面白い男だ ④珍しい男だ

□□8. 마음 같아서는 당장이라도 회사를 그만두고 싶지만 참겠어요.

①気分転換に ②気が合って

③気持ちが一緒で ④気持ちとしては

□□9. 가고 싶은 마음은 굴뚝같지만 시간이 없어요.

①全然行きたくないけど

②ちょっと行ってみたいけど

③行きたい気持ちは山々だけど

④行きたいわけではないけど

□□10. 말이 나왔으니까 말인데 이번 시합에서 누가 이길까요?

①話に出たついでだけど ②話が盛り上がったけど

③そうは言っても ④言わないだけで

□□11. 없는 말 하면서 남을 욕하면 안 돼요.

①おしゃべりしながら ②ため口で

③人がいないところで ④うそを言ってまで

□ □ 12. 우리 아이는 정말 못 말려요.

①隠せません ②手に負えません

③目にあまります ④かわいいです

□ □ 13. 말이나 못하면 밉지나 않지.

①憎くもない ②好きでもない

③まだましだ ④もっといい

□ □ 14. 너만 보면 내 속이 끓는다.

①はらわたが煮えくり返る ②ぐつぐつ煮る

③気が気ではない ④とてもうれしい

□ □ 15. 그런 틀에 박힌 얘기는 듣고 싶지 않아요.

①型通りな話 ②お世辞な話

③耳にたこができる話 ④心にもない話

■ 下線部の訳として適切なものを1つ選びましょう。

□ □ 16. 弟はいつも人を傷つけることばかり言う。

①가슴에 못을 박는 소리만 한다

②가슴에 담아 두는 소리만 한다

③가슴에 불붙는 소리만 한다

④가슴에 파고드는 소리만 한다

□ □ 17. 私は気前がいいので、食べ物を作るといつも残ります。

①손이 작아서 ②손이 부끄러워서

③손이 커서 ④손이 낡아서

□□18. 涙をこらえて友人達と別れました。

①눈물을 짜며 ②눈물을 삼키며

③눈시울을 붉히며 ④눈물이 앞을 가려서

□□19. 目障りな行動をしないでください。

①눈에 거슬리는 ②눈에 익는

③눈에 차는 ④눈앞에 두는

□□20. 一日中外で働いたら夏バテしたみたいです。

①더위를 먹은 것 같아요 ②여름이 온 것 같아요

③추위를 타는 것 같아요 ④더위를 마신 것 같아요

□□21. 最近旅行に行けないので、(行きたくて)うずうずしています。

①몸살을 앓았어요 ②몸살이 났어요

③몸을 아꼈어요 ④몸을 바쳤어요

□□22. 長生きしてきてこんなことは初めてだ。

①살다 살다 ②오래 사니까

③살다 보면 ④사는 동안

□□23. 口を開きさえすれば、仕事の話ばかりします。

①말만 붙이면 ②말을 돌리면

③말을 받으면 ④말끝마다

□ □ 24. 今に見ていろ。私が必ず成功してみせる。

①야단났다　②어느 정도라야지

③어디 두고 보자　④어느 세월에

□ □ 25. 最近なかなか会えないけど、何かあったんですか。

①얼굴 보기 힘든데　②얼굴을 내지 않는데

③언제든지 못 만나는데　④별로 안 만나는데

□ □ 26. 負けず嫌いな性格です。

①지고는 못 사는　②지고는 우는

③지고는 화내는　④지고는 한턱내는

□ □ 27. 私たちはもう運命を共にしています。

①한 배를 탔어요　②한 집에 살아요

③좋은 집에 살아요　④좋은 배를 탔어요

□ □ 28. 試験の点数のせいで、気分がめいっています。

①기가 찼어요　②기를 폈어요

③기가 살았어요　④기가 죽었어요

□ □ 29. 舌足らずなので、しゃべるのが好きじゃないです。

①혀가 모자라서　②혀가 길어서

③혀가 아파서　④혀가 짧아서

聞取① 語彙 P.84 ～

1. ④ ◀ **결혼한 여자를 부르는 말입니다.**
①며느리　②조상　③깍쟁이　④유부녀

結婚している女性を呼ぶ言葉です。
①嫁　②先祖　③けち　④人妻

Point **며느리**(息子の妻)、**신부**(花嫁、新妻)、**아내**(妻)などの単語、**시집을 가다**(嫁に行く)、**시집을 오다**(嫁に来る)、**시집을 보내다**(嫁に出す)などの表現も覚えておきましょう。

2. ③ ◀ **요리할 때 재료를 튀기거나 굽기 위해 쓰는 것입니다.**
①설거지　②소포　③식용유　④식칼

料理をする時、材料を揚げたり焼いたりするために使うものです。
①皿洗い　②小包　③食用油　④包丁

3. ③ ◀ **너무 더울 때 손에 들고 부치는 것을 말합니다.**
①낙엽　②덧니　③부채　④방망이

とても暑い時、手に持ってあおぐものを言います。
①落ち葉　②八重歯　③扇子　④棒

Point **부치다**には①「(手紙・荷物などを)送る」②「あおぐ」③「(フライパンなどに油を引いて)焼く」などの意味があります。

4. ② ◀ **양파, 마늘 등의 껍질을 벗기는 행위를 말합니다.**
①찢다　②까다　③찌다　④삶다

タマネギ、ニンニクなどの皮をむく行為を言います。
①破る　②皮をむく　③蒸す　④ゆでる

Point **데우다**(温める)、**무치다**(あえる)、**튀기다**(揚げる)、**굽다**(焼く)などの単語も併せて覚えましょう。

5. ① ◀ 지저분한 방을 깨끗하게 정리하는 행위를 말합니다.
①치우다 ②다듬다 ③뒤집다 ④물리다

汚い部屋をきれいに整理する行為を言います。
①片付ける ②整える ③裏返す ④かまれる

6. ② ◀ 뭔가를 위해서 사람들이 단결하는 행위를 말합니다.
①묶다 ②뭉치다 ③몰리다 ④붙들다

何かのためにみんなが団結する行為を言います。
①束ねる ②団結する ③偏って集中する ④捕まえる

7. ④ ◀ 부족하지 않고 충분히 여유가 있는 상태를 말합니다.
①깔끔하다 ②세심하다 ③올바르다 ④넉넉하다

不足せず十分に余裕のある状態を言います。
①さっぱりしている ②注意深い ③正しい ④十分だ

8. ① ◀ 누군가가 불쌍해 보이는 상태를 말합니다.
①딱하다 ②어리석다 ③집요하다 ④창피하다

誰かをふびんに思う感情を言います。
①かわいそうだ ②愚かだ ③執拗だ ④恥ずかしい

9. ② ◀ 이미 끝난 일을 후회해도 소용없다는 의미입니다.
①거북이 걸음 ②엎질러진 물 ③곱지 않은 시선 ④물 만난 고기

すでに終わったことを後悔しても仕方ないという意味です。
①カメの歩み(のろい歩み) ②覆水盆に返らず
③冷たい視線 ④水を得た魚

Point **엎질러진 물**は「こぼれた水」の意味。**곱지 않은 시선**(冷たい視線)と共に、**곱지 않은 말**(下品な言葉)、**곱게 자라다**(苦労を知らずに育つ)などの表現も覚えておきましょう。

10. ① ◀ 알면서도 모르는 척을 한다는 의미입니다.
①시치미를 떼다 ②되는 게 없다 ③등을 돌리다 ④물을 흐리다

知っていながら知らぬふりをするという意味です。

①しらを切る　②何一つうまくいかない　③背を向ける　④乱す

Point 正解以外の選択肢と関連して、**되는 게 없다**の他に**되지 못 하다**(<人となり·態度が>なっていない、礼儀に外れている)、**될 대로 돼라**(なるようになれ)、**등을 돌리다**の他に**등에 업다**(後ろ盾にする、かさに着る、頼りにする)、**등을 밀다**(①背中を押す、後押しする ②追い出す)、**물을 흐리다**の他に**물이 좋다**(①<魚介などの>生きがいい、新鮮だ ②素敵な男性·女性が多い)などの表現も覚えましょう。

11. ③ **계획한 일을 실천하려고 하지만 오래 가지 못하는 것을 말합니다.**
①십중팔구　②임기응변　③작심삼일　④호시탐탐

計画したことを実践しようとするが、長く続かないことを言います。
①十中八九　②臨機応変　③三日坊主　④虎視眈々

聞取② 内容理解①　P.87～

1. ③ **여:표가 벌써 매진이에요. 주말이라서 영화 보는 사람들이 정말 많네요.**
남:이럴 줄 알았으면 표를 두 장 미리 예매해 둘 걸 그랬어요.

女：チケットはもう売り切れです。週末なので映画を見る人たちがとても多いんですね。
男：こんなことだと分かっていたらチケットを２枚あらかじめ予約購入しておけばよかったです。
①女性は前もってチケットを予約購入した。
②男性は映画館に人が多いだろうと予想した。
③女性と男性は前もってチケットを買っておかなかった。
④人気のある映画なので映画館には人が多かった。

Point **-(으)ㄹ 걸 그랬다**(～すればよかった／よかったのに)は、過去のことを後悔する表現です。映画のチケットが完売で、前売り券を買っておけばよかったと後悔している内容です。

2. ④ **남:한국에 온 지 얼마 안 됐을 때 구두를 신고 집안에 들어가서 친구들이 놀란 적이 있어요.**
여:그랬었군요. 나라마다 문화적인 차이는 있기 마련이니까 실수

할 수도 있겠네요.

男：韓国に来て間もない頃、靴を履いて家の中に入って、友達が驚いたことがあります。
女：そうだったんですね。国ごとに文化的な違いがあるのは当然ですから、間違うこともあるでしょうね。
①男性は韓国人だ。
②女性は靴を履いて家の中に入ったことがある。
③女性は韓国に来て間もない。
④男性は国ごとの文化的違いで間違えたことがある。

3. ② 여:이번에 학교 앞에 새로 짓는 맨션 괜찮던데요.
남:네, 위치도 좋고 가격도 괜찮고 은행에서 돈을 빌려서라도 살까 해요.

女：今度学校の前に新しく建つマンション、なかなかですよ。
男：ええ、位置も良くて価格も無難だし、銀行からお金を借りてでも買おうかと思います。
①女性は学校の前にマンションを建てている。
②男性はそのマンションを買いたがっている。
③男性は今学校の前に住んでいる。
④女性は銀行でお金を借りるかもしれない。

Point 男性は学校の前にある建設中のマンションが気に入って、購入を考えています。

4. ② 여:회사 앞에 커피숍이 네 군데나 생겼어요. 다들 장사가 될까요?
남:그러게요. 한 곳이 장사가 잘 되니까 다들 따라서 문을 연 것 같던데요.

女：会社の前にコーヒーショップが４軒もできました。みんな、商売になるんでしょうか？
男：まったくですよね。１軒が繁盛しているから、他もまねして開店したみたいですけどね。
①家の前にコーヒーショップが新たにできた。
②会社の近所にコーヒーショップが増えた。
③最近、コーヒーショップがもうかる。
④最近、閉店するコーヒーショップも多い。

Point **문을 열다**は、「ドアを開ける」という意味から「営業を始める」「開

店する」「開業する」「門戸を開放する」などの意味があります。

5. ④ **남:별로 돈 쓴 데도 없는 것 같은데 왜 항상 돈이 없는지 모르겠어요.**

여:자기도 모르게 조금씩 낭비하고 있는 데가 없는지 꼼꼼하게 체크 한번 해 보세요.

男：大してお金を使ってもいないと思うのですが、なぜいつもお金がないのか分かりません。
女：気付かぬうちに少しずつ無駄遣いしているところがないか、細かくチェックしてみてください。
①男性はけちなので節約をしっかりする。
②女性は普段無駄遣いをたくさんする。
③女性はなんでも細かくチェックする性格だ。
④男性はなぜいつもお金に余裕がないのか気になる。

Point **돈이 없다**(お金がない)、**돈이 넉넉하다**(お金に余裕がある)、**돈이 넉넉하지 않다**(お金に余裕がない)の表現を覚えましょう。

6. ④ **남:저 두 사람 지난주에 심하게 싸우지 않았어? 벌써 화해했나 보네.**

여:자주 싸우더니 정이 들었는지 전보다 더 사이가 좋아졌어.

男：あの二人、先週ひどくけんかしていなかった？　もう仲直りしたみたいだね。
女：しょっちゅうけんかしていたら情が移ったのか、以前よりも仲良くなったよ。
①男性は二人と親しくない。
②女性は二人とよくけんかする。
③二人はよく言い争っていて仲が悪い。
④今は二人の仲は円満だ。

Point **정이 들다**(情が移る)の他に、**정을 붙이다**(愛情を注ぐ、落ち着く、親しむ)、**정을 쏟다**(愛情を注ぐ)などの表現も覚えましょう。また、関連した表現として、**호흡을 맞추다**(①お互いの歩調に合わせる ②息を合わせる)、**호흡이 맞다**(呼吸が合う、息が合う)などもチェックしておきましょう。

7. ③ ◀ **여 : 어제 백화점에 갔다가 계획에도 없는 걸 또 사고 말았어요.**
남 : 사람이란 마음에 드는 물건을 보면 계획에 없어도 욕심이 생기는 법이잖아요.

女：昨日デパートに行って、予定にもない物をまた買ってしまいました。
男：人というのは気に入った物を見ると予定になくても欲が出るものじゃないですか。
①男性は予定にない物は決して買わない。
②男性はデパートで気に入る物がなかった。
③女性は昨日急に買い物にお金を使ってしまった。
④女性は欲張りでいつもお金をたくさん使う。

Point 昨日デパートで衝動買いをしたという内容です。**욕심이 생기다**は「欲が出る」。**욕심이 많다**（欲張りだ、欲が深い）も併せて覚えましょう。

---

8. ④ ◀ **남 : 요즘 사는 게 영 재미가 없네요.**
여 : 뭐든지 생각하기 나름이에요. 긍정적으로 생각하고 좋아하는 일을 찾아 보세요.

男：最近、生活がまったく楽しくないですよ。
女：何事も考え方次第ですよ。前向きに考えて好きなことを探してみてください。
①男性は前向きな人だ。
②女性は自分の生活に満足している。
③女性は好きなことを探しているところだ。
④男性は今の生活に満足していない。

Point **사는 게**は「暮らすことが」で、「日々の生活が」「暮らしが」という意味になります。**긍정적**は「肯定的」で「前向きな」「ポジティブな」の意味。男性は、最近の生活が楽しくないと不満を持っています。

---

9. ① ◀ **여 : 왜 이렇게 여름이 점점 더 더워지는 걸까요?**
남 : 정부의 발표에 의하면 지구 온난화는 환경 오염과 관련이 크대요.

女：どうしてこんなに夏がだんだんと暑くなっていくのでしょうか？
男：政府の発表によると、地球温暖化は環境汚染との関連が大きいそうですよ。

①地球温暖化のせいで夏が徐々に暑くなっている。
②女性はよく暑さ負けする。
③男性は夏が好きではない。
④環境汚染のせいで夏が短くなった。

Point **지구 온난화**(地球温暖化)という言葉が会話のポイントになります。発音は[**지구온나놔**]。

聞取③ 応答文選択 P.92～

1. ③ **여:이걸 나보고 하라고요? 저 혼자서는 무리예요.**
남:(　　　　　　　　　　)
①**혼자서 하기는커녕 언니가 다 해 줬대요.**
②**잘하든 못하든 한번 해 보세요.**
③**혼자서 못 하겠으면 제가 도와 드릴게요.**
④**보기만 해도 재미있겠지요?**

女：これを私にやれというのですか？　私一人では無理ですよ。
男：(　　　　　　　　　　)
①一人でやるどころかお姉さんが全部やってくれたそうです。
②うまくできてもできなくても、一度やってみてください。
③一人でできなそうなら私が手伝いますよ。
④見ているだけでも面白そうでしょう？

Point 一人では無理だと言っている女性に対する答えとしてふさわしい応答文を選びましょう。

---

2. ② **남:오늘은 손님이 많았나 봐요. 벌써 다 팔렸네요.**
여:(　　　　　　　　　　).
①**우리 가게에서 제일 잘 팔리는 거예요**
②**보통 때 같으면 남았을 텐데**
③**평일엔 가게에 파리만 날려요**
④**주말에는 손님 좀 많았으면 좋겠어요**

男：今日はお客さんが多かったようですね。もう売り切れたんですね。
女：(　　　　　　　　　　)。

①うちの店で一番よく売れる物です
②普段ならば売れ残っただろうに
③平日は閑古鳥が鳴いています
④週末はお客さんがもう少し多ければいいです

Point **파리를 날리다**(ハエを飛ばす)は「商売上がったりだ」「閑古鳥が鳴く」という意味の表現になります。「お客さんが多かったようだ」の発言に応答する内容を選びましょう。

---

3. ③ **남:이 책 번역하는 데 시간이 그렇게 많이 걸려요?**
여:(　　　　　　　　　　).
①이 책은 중국어로 쓰여 있어서 저는 읽을 수 없어요
②같은 값이면 인기가 있는 책을 읽고 싶어요
③사전 찾아가면서 하니까 시간이 걸리네요
④시간이 많이 걸려도 꼭 읽고 싶은 책이에요

男：この本を翻訳するのにそんなにたくさん時間がかかりますか？
女：(　　　　　　　　　　)。
①この本は中国語で書かれているので私は読めません
②どうせなら人気がある本を読みたいです
③辞書を引きながらやっているので時間がかかりますね
④時間がたくさんかかっても必ず読みたい本です

Point 翻訳するのに時間がかかる理由が書いてある内容を選びましょう。**같은 값이면**(同じ値段なら)は「どうせなら」「同じことなら」「どうせやるなら」という意味の表現です。

---

4. ① **여:은미 씨가 한 달 만에 57킬로그램에서 47킬로그램이 됐대요.**
남:(　　　　　　　　　　)
①10킬로그램이나 빠졌다는 말이에요?
②10킬로그램 빠지기만 하면 다예요?
③두 달 만에 그렇게 빼는 건 무리일 것 같아요.
④살을 빼는 건 역시 어려운 일이죠.

女：ウンミさんが1カ月で57キロから47キロになったんですって。
男：(　　　　　　　　　　)
①10キロも落ちたということですか？

②10キロ落ちさえすればいいんですか？
③2カ月でそんなに落とすのは無理だと思います。
④痩せるのはやはり難しいことですよね。

5. ② **남: 책상 위가 왜 이렇게 지저분해요?**

여: (　　　　　　　　　　　).

①**오늘 외출하기 직전에 청소했어요**

②**지금 막 치우려던 참이에요**

③**책상에서 공부하느라 시간 가는 줄도 몰랐어요**

④**늦게 자는 한이 있어도 오늘 밤에 숙제를 다 끝낼 거예요**

男：机の上がどうしてこんなに散らかっているのですか？
女：(　　　　　　　　　　　)。
①今日外出する直前に掃除しました
②今まさに片付けようとしていたところです
③机で勉強していたので時間が過ぎるのも気付きませんでした
④遅く寝ることになったとしても、今夜宿題を全て終えるつもりです

Point **-(으)려던 참이다**(～しようとしていたところだ)、**-(으)ㄴ/는 줄 모르다**(～な／した／することに気付かない)の表現を覚えましょう。

6. ④ **남: 케이크 맛있겠다. 엄마, 내가 다 먹어도 돼요?**

여: (　　　　　　　　　　　)

①**엄마가 너희들을 위해서 만든 케이크야.**

②**어제 아빠가 집에 돌아올 때 사 온 케이크야.**

③**케이크가 너무 맛있다 보니 인기가 많단다.**

④**이따가 누나랑 형도 먹게 조금만 남겨 놓을래?**

男：ケーキ、おいしそう。お母さん、僕が全部食べていい？
女：(　　　　　　　　　　　)
①お母さんがあなたたちのために作ったケーキよ。
②昨日お父さんが家に帰ってくる時に買ってきたケーキよ。
③ケーキがすごくおいしくて人気があるのよ。
④後でお姉ちゃんとお兄ちゃんも食べられるように、少しだけ残しておこうか？

Point 「後で」の意味で**이따가**、**나중에**という単語がありますが、**이따가**

は「(その日のうちに)後で」というニュアンスで、短い時間の「後で」を意味します。**나중에**は**이따가**と同じ意味もありますが、「また今度」に近い意味もあります。

---

7. ② ◀ **남 : 지난번 일 때문에 사과드리러 왔어요.**
여 : (　　　　　　　　　　).
①반성한다 치더라도 아무 소용 없어요
②별일 아닌데요, 뭘
③세상 일은 모두 생각하기 나름이에요
④그 일 때문에 여간 폐를 끼친 게 아니에요

男：先日のことで謝りに来ました。
女：(　　　　　　　　　　)。
①反省すると言ってもまったく無駄です
②大したことではありませんよ
③何事も考え方次第です
④そのせいでとんでもなく迷惑を掛けました

---

8. ③ ◀ **남 : 저는 그 사람이 저를 정말 싫어하는 줄 알았어요.**
여 : (　　　　　　　　　　).
①가슴에 손을 얹고 솔직하게 얘기해 보세요
②그래서 못마땅히 여기나 봐요
③속으로 좋아하면서도 겉으로 표현을 안 해서 그래요
④낯이 간지러워서 그 얘기 못했나 봐요

男：私はあの人が私のことを本当に嫌いだと思っていました。
女：(　　　　　　　　　　)。
①胸に手を当てて正直に話してみてください
②だから不満に思うようですね
③本当は好きなのに表に出さないからですよ
④照れくさくてその話をできなかったみたいですね

Point **-(으)ㄴ/는 줄 알다**は「～すると／だと思う」です。

---

9. ① ◀ **남 : 팬 사인회에 사람이 그렇게 많이 모였다면서요?**

여: (   ).
①서 있을 데조차 없었어요
②학생들뿐만 아니라 어른들에게도 인기가 많대요
③운 좋게 그 배우하고 악수도 했어요
④너무 근사해서 넋을 잃고 봤어요

男：ファンサイン会にとてもたくさん人が集まったそうですね？
女：(   )。
①立っている場所すらなかったです
②学生たちのみならず大人たちにも人気が高いそうです
③運良くあの俳優と握手もしました
④あまりにも素敵で、われを忘れて見ました

Point **-다면서요?**は「～ですって(ね)？」「～だそうですね」という表現です。選択肢に関連して**넋**(魂、精神)を使う表現には、**넋을 잃다**/**넋이 나가다**(われを忘れる、うっとりする)、**넋을 빼다**(とりこになる、魅了される)、**넋이 빠지다**(ぼう然とする、われを忘れる)などがあります。

STEP 3 合格徹底ドリル 解答 聞き取り

聞取④ 内容理解② P.97～

1. ① **아파트 관리 사무소에서 주민 여러분께 알려 드립니다. 오늘 오전 10시부터 오후 5시까지 205동 앞 광장에서 주말 이동 시장이 열립니다. 싱싱한 과일과 야채, 생선을 아주 싼 값에 판다고 합니다. 주민 여러분의 많은 관심과 이용 바랍니다.**

マンション管理事務所より住民の皆さんにお知らせいたします。本日午前10時から午後5時まで、205棟の前の広場で週末の移動市場が開かれます。新鮮な果物と野菜、魚を非常に安い価格で販売するそうです。住民の皆さんによる多くの関心とご利用をお願いします。
①今日は週末なのでマンションで市場が開かれる予定だ。
②週末には市場で果物、野菜、魚を安く売る。
③マンションの管理事務所の前で週末市場が開かれる。
④明日、市場でセールをする予定だ。

Point **주말 이동 시장**(週末移動市場)がいつ、どこで行われるのかをきちんと聞き取りましょう。

2. ① ◀ 옛날에 미국 한 마을에 살던 안나라는 소녀가 병으로 돌아가신 어머니 무덤 앞에 어머니가 평소에 좋아하시던 카네이션을 심었다. 그 후 안나는 어머니가 그리워 한 모임에 흰 카네이션을 달고 나왔다고 한다. 그 이후로 사람들이 이것을 따라서 하게 되고, 미국에서는 5월 둘째 주 일요일을 어머니날로 정하게 되었다. 그래서 이 날에 살아 계신 어머니에게 감사의 의미로 붉은 카네이션을 드리는 풍습이 생겼다는 얘기가 있다. 한국에서는 5월 8일을 어머니날로 지키다가 어버이날로 이름을 바꾸어 많은 사람들이 부모님께 감사하는 날로 지키고 있다.

昔、アメリカのある村に住んでいたアンナという少女が、病で亡くなった母の墓前に、母が常日頃好きだったカーネーションを植えた。その後、アンナは母が恋しくて、ある集いに白いカーネーションを付けて出席したという。以後、人々がこれにならうようになり、アメリカでは５月の第２日曜日を母の日と定めるようになった。それでこの日に、存命中の母親に感謝の意味で赤いカーネーションをあげる風習ができたという話がある。韓国では５月８日を母の日として続けてきた後、父母の日と名前を変え多くの人々が両親に感謝する日として続いている。
①アンナの母はカーネーションが好きだった。
②アメリカの母の日は５月８日だ。
③アンナは母が恋しくて母の日を作った。
④韓国では５月の第２日曜日に母にカーネーションをあげる。

3. ① ◀ 여：왜 이렇게 늦었어요?
남：오는 길에 슈퍼마켓에 들렀는데 열쇠를 차에 놓은 채로 문을 잠그고 내렸어요.
여：그래서 어떻게 했어요?
남：집에 있는 열쇠를 가지고 가서 문을 열었어요. 그래서 시간이 좀 걸렸어요.

女：どうしてこんなに遅れたんですか？
男：来る途中でスーパーに寄ったんですが、鍵を車に置いたままドアをロックして降りてしまいました。
女：それでどうしたんですか？
男：家にある鍵を持っていってドアを開けました。それでちょっと時間がかかりました。
①男性は再び家に行ってきた。

②女性は家を出る時に戸を締めるのを忘れてしまった。
③男性は電車に鍵を忘れて降りた。
④女性は約束の時間に遅れた。

---

4. ② 여:요즘 불경기라서 가게에 파리만 날려요. 가게를 계속해야 할지 문을 닫아야 할지 모르겠습니다.

남:그래도 힘든 때를 좀 넘기면 괜찮지 않을까요?

여:글쎄요, 여름에는 장사가 좀 되는 편이니까 여름까지는 기다려 보려고 합니다.

남:여름 되면 좋아질 테니까 너무 걱정하지 마세요.

女：最近不景気で、店で閑古鳥が鳴いています。店を続けるべきか、畳むべきか分かりません。
男：それでも、つらい時期を少し乗り越えれば大丈夫ではないでしょうか？
女：そうですねえ、夏には少し繁盛する方なので、夏までは待ってみようと思います。
男：夏になったら良くなりますからあまり心配しないでください。
①女性は夏にだけ商売をする。
②女性は最近、商売がうまくいかず心配だ。
③男性はつらい時もよく耐えてきた。
④男性はしばらく後で店を畳む予定だ。

Point **불경기**(不景気)、**파리를 날리다**(商売上がったりだ、閑古鳥が鳴く)、**가게의 문을 닫다**(店を畳む)、**장사**(商売)などの表現が会話のポイントです。**파리만 날려요**は「ハエばかり飛ばしています」という意味から、人気がなく閑散とした状態を表現する慣用句です。関連して、生き物の名前を使う**고양이 앞에 쥐**(猫の前のネズミ→ヘビににらまれたカエル)、**두 마리 토끼를 잡다**(２匹のウサギを捕まえる→一挙両得)なども覚えましょう。

---

5. ③ 남:짐이 이렇게 많은데 지하철을 타려고?

여:응, 요즘 백화점 세일 기간이라서 여기저기 길이 막힐 것 같아.

남:지하철 타기에는 짐이 너무 많은데….

여:택시 타고 길이 막혀서 시간 낭비하는 것보다 지하철 타는 게 훨

STEP 3 合格徹底ドリル 解答 聞き取り

씬 나아.

男：こんなに荷物が多いのに地下鉄に乗るつもり？
女：ええ、最近デパートのセール期間だから、あちこち道が渋滞しそう。
男：地下鉄に乗るには荷物が多すぎるけど……。
女：タクシーに乗って渋滞して時間の無駄遣いをするより、地下鉄に乗る方がはるかにいいわ。
①男性は荷物が多すぎて地下鉄に乗れない。
②最近、あちこちでセールをしていて男性は買い物をたくさんする。
③女性は地下鉄を利用して帰るつもりだ。
④女性は男性に一緒にタクシーに乗ろうと言った。

6. ④ 여:여보, 일 다 끝냈으면 대청소 좀 도와줘요.
남:그러지, 뭐. 그런데 오늘 하루에 다 끝낼 수 있을까?
여:네, 아이들도 숙제가 끝나면 도와준다고 했어요.
남:청소 끝나면 아주 깨끗해지겠네.

女：あなた、用事が済んだなら大掃除を手伝ってください。
男：ああ、そうするよ。だけど今日一日で全て終えられるかな？
女：ええ、子どもたちも宿題が終わったら手伝ってくれると言ってたわ。
男：掃除が終わればずいぶんきれいになるだろうな。
①夫は妻に大掃除を手伝ってくれと言っている。
②夫は用事のせいで大掃除ができない。
③子どもたちは掃除を、夫婦は洗濯をするつもりだ。
④家族が一緒に大掃除をする予定だ。

7. ② 남:갑자기 일이 생겨서 그러는데 나 대신 공항으로 우리 엄마 마중 좀 나가 줄 수 있어?
여:응, 그럴게. 그런데 내가 어머니를 뵌 적이 없는데 찾을 수 있을까?
남:우리 엄마는 보통 키에 좀 뚱뚱하신 편이야. 짧은 파마머리에 안경을 쓰셨어.
여:알겠어. 혹시 어머니 사진 있으면 보여 줄래?

男：急に用事ができたので僕の代わりに空港へうちの母を迎えに行ってもらえる？

女：ええ、そうするわ。でも私、お母さんに会ったことがないから見つけられるかしら？
男：うちの母は普通の身長で少し太っている方だよ。短いパーマヘアに眼鏡を掛けてる。
女：分かったわ。もしお母さんの写真があったら見せてくれる？
①男性は急用ができて友達に会えない。
②女性は男性の代わりに男性の母を迎えにいく予定だ。
③男性の母はぽっちゃりしている方で、眼鏡を掛けている。
④男性は母の写真を持っていない。

Point **마중 나가다**（迎えに行く、出迎える）、**배웅하다**（見送る、送り出す）などの表現を覚えましょう。**뚱뚱하다**は「太っている」、**통통하다**は「ぽっちゃりしている（やや太め）」で、どちらも平均より大きいという意味ですが、肯定的な意味合い（**통통하다**）と否定的な意味合い（**뚱뚱하다**）というニュアンスに違いがあります。**튼튼하다**（丈夫だ、健康だ）と共に、正確に聞き取れたかを確認するためによく出題される単語です。

8. ② **여:오래간만에 영화다운 영화를 본 것 같아. 역시 소문대로 굉장하더라.**
남:맞아. 이 영화 보기를 잘한 것 같아.
여:난 남자 주인공이 그렇게 연기를 잘하는 줄 미처 몰랐어. 정말 연기 잘하더라.
남:그러게. 얼굴만 잘생긴 줄 알았는데 역시 연기상 받을 만한 것 같아.

女：久しぶりに映画らしい映画を見た気がする。やはりうわさ通りすごかったね。
男：そうだね。この映画を見てよかったと思う。
女：男性主人公があんなに演技がうまいとは今まで知らなかった。本当に演技がうまかったわ。
男：そうだね。顔がかっこいいだけだと思っていたけど、さすが演技賞をもらっただけのことはある。
①女性は俳優の顔がハンサムなのでうれしかった。
②女性も男性も映画に満足している。
③男性は映画を見たことを後悔している。
④映画の中の俳優は演技はうまいが顔は普通だ。

聞取⑤ 内容理解③ P.102 ～

1. ④ ◀ **편의점이나 슈퍼마켓에 가지 않아도 이것으로 여러 가지를 살 수 있습니다. 24시간 이용할 수 있어 아주 편리합니다. 요즘은 여기저기에 많이 있어서 쉽게 이용할 수 있습니다.**

①문방구 ②상가 ③서랍 ④자판기

コンビニやスーパーに行かなくても、これでいろいろ買えます。24時間利用できてとても便利です。最近はあちこちにたくさんあって、簡単に利用できます。
①文房具 ②商店街 ③引き出し ④自販機

2. ② ◀ **여러 사람들과 함께 같은 건물에서 생활합니다. 보통 운동 선수나 학생들이 많이 이용합니다. 여러 사람들이 공동으로 이용하는 공간이 있습니다.**

①광장 ②기숙사 ③대합실 ④포장마차

さまざまな人たちと一緒に同じ建物で生活します。普通はスポーツ選手や学生たちがよく利用します。多くの人たちが共同で利用する空間があります。
①広場 ②寄宿舎 ③待合室 ④屋台

3. ② ◀ **제가 처음에 이 회사에 들어갔을 때만 해도 이렇게 오랫동안 일하게 될 줄은 정말 몰랐어요. 2-3년 정도만 일하고 회사를 그만두고 나서 어렸을 때부터 하고 싶었던 세계 여행을 할 계획이었는데, 어느덧 여기서 일한 지 벌써 15년이나 됐네요. 이제는 회사 사람과 정이 들어서 회사를 그만둘 수도 없을 것 같아요.**

①여자는 2-3년정도 일하고 일을 그만둘 것이다.

②여자는 세계 여행을 하는 것이 꿈이었다.

③여자는 이 회사에서 오랫동안 일하고 싶다.

④여자는 회사에 입사하고 5년이 됐다.

私が初めてこの会社に入った時はまだ、こんなに長い間仕事をすることになるとはまったく思っていませんでした。2～3年くらい働いて会社を辞めてから、幼い頃からやりたかった世界旅行をする計画でしたが、いつのまにかここで働いてもう15年もたちますね。今は会社の人に情が移って、会社を辞めることもできないと思います。
①女性は2～3年程度働いて仕事を辞めるつもりだ。
②女性は世界旅行をすることが夢だった。
③女性はこの会社で長く働きたい。
④女性は会社に入社して5年たった。

Point 2-3년 정도만 일하고 회사를 그만두고 나서 어렸을 때부터 하고 싶었던 세계 여행을 할 계획이었는데(2～3年くらい働いて会社を辞めてから、幼い頃からやりたかった世界旅行をする計画でしたが)という文を正確に聞き取りましょう。

4. ① **1996년에 처음 만들어져 매년 가을에 개최되는 부산국제영화제에는 전세계 유명 감독과 영화배우가 이 영화제의 시작을 축하하러 직접 부산에 와서 레드 카펫을 밟는다. 영화제의 시작을 알리는 인기 작품은 몇 초 만에 표가 다 팔려 버릴 정도로 인기가 높다. 보고 싶은 영화가 있는데 예매를 못 했을 때는 그날 표를 파는 곳에서 살 수도 있다. 이 영화제로 부산이 전세계적으로 더 유명해졌다.**
①영화제 덕분에 다른 나라 사람들도 부산을 많이 알게 되었다.
②영화제는 2000년 이후에 생겼다.
③영화제의 작품은 인기가 많아서 예매를 안 하면 볼 수 없다.
④영화제는 아직 세계적으로는 잘 알려져 있지 않다.

1996年に初めて作られ、毎年秋に開催される釜山国際映画祭では、全世界の有名監督と映画俳優がこの映画祭のスタートを祝うために直接釜山に来て、レッドカーペットを歩く。映画祭の始まりを知らせる人気作品は数秒でチケットが売り切れてしまうほどに人気が高い。見たい映画があるのに予約購入ができなかった時は、当日券売り場で買うこともできる。この映画祭により、釜山が全世界的にさらに有名になった。
①映画祭のおかげで外国の人たちも釜山をよく知るようになった。
②映画祭は2000年以降に作られた。
③映画祭の作品は人気が高くて予約購入をしないと見られない。
④映画祭はまだ世界的にはあまり知られていない。

5. ③ 여:손님, 혹시 찾는 거 있으세요?
남:네, 사실은 취직해서 다음 주부터 첫 출근인데 입을 만한 게 없어서요.
여:첫 출근이시라면 깔끔해 보이는 정장이 좋으시겠죠?
남:네, 저한테 어울리는 걸로 몇 벌 보여 주세요.
①버스 터미널 표 파는 곳　②백화점 해외 지점
③옷 매장　④화장품 코너

女：お客さま、ひょっとして何かお探しですか？
男：はい、実は就職して来週から初出勤なんですが、着るものがなくて。
女：初出勤ならば、さっぱりして見えるスーツがよろしいですよね？
男：はい、私に似合うものを数着見せてください。
①バスターミナルのチケット売り場　②デパートの海外支店
③洋服売り場　④化粧品コーナー

Point 취직(就職)、첫 출근(初出勤)、정장(正装＝スーツ)、몇 벌(数着、何着)などの単語がポイントになります。

---

6. ② 여:아까 같이 가서 봤던 방 생각보다 넓지 않은데요?
남:가격에 비해 넓은 셈이에요. 집에서 역도 가깝고요.
여:역까지 가까운 건 좋은데 차들이 지나가는 소리가 조금 시끄럽네요.
남:그래도 주변에 여러 가지 가게들이 많아서 편리하실 거예요.
①연립 주택　②부동산 가게
③구두 창고　④백화점 내 제과점

女：さっき一緒に行って見た部屋、思ったより広くないですよね。
男：価格に比べて広い計算になります。家から駅も近いですし。
女：駅まで近いのはいいですが、車が通る音がちょっとうるさいですね。
男：それでも、周辺にいろいろな店がたくさんあって便利だと思いますよ。
①アパート　②不動産屋　③靴の倉庫　④デパート内の製菓店

---

7. ④ 여:어제 회식 때 술 많이 마시더라. 집에는 잘 들어갔니?
남:응, 사실은 어떻게 집에 갔는지 모르겠어. 정신 차리고 보니까

집이었어.

여:그럼 어젯밤 사람들하고 헤어지고 나서 하나도 기억이 안 나는 거야?

남:응, 술집에서 나오기 전부터 완전히 필름이 끊긴 것 같아.

①여자는 어젯밤에 늦게까지 술을 많이 마셨다 .

②여자는 어제 기분이 안 좋은 일이 있었다.

③남자는 일어나 보니까 친구 집에 있었다.

④남자는 어젯밤에 아주 많이 취해서 집에 들어갔다.

女：昨日、飲み会でお酒をかなり飲んでたわね。家にはちゃんと帰った？

男：うん、実はどうやって家に帰ったか分からないんだ。気付いたら家だった。

女：それじゃあ、昨夜みんなと別れてから少しも記憶がないってこと？

男：うん、居酒屋を出る前から完全に記憶がなくなったみたいだ。

①女性は昨夜遅くまでお酒をたくさん飲んだ。

②女性は昨日、気分の良くないことがあった。

③男性は起きたら友達の家にいた。

④男性は昨夜とても酔っぱらって家に帰った。

Point 필름이 끊기다は「(飲み過ぎて)記憶をなくす」という意味の表現です。

8. ④ 여:1년 동안 같이 공부했던 에리 씨와 헤어지게 돼서 너무 섭섭해요.

남:만남이 있으면 헤어짐도 있기 마련이잖아요. 너무 아쉬워하지 마세요. 또 만날 날이 있겠죠.

여:맞아요. 에리 씨를 위해서 뭔가 기억에 남는 선물을 준비해야겠어요.

남:미국에 돌아가서도 한국을 기억하게 해 줄 선물이면 좋겠네요.

①에리는 미국에 돌아가서도 한국어를 계속 공부할 것이다.

②에리는 여자를 위해서 선물을 준비했다.

③남자는 에리와 헤어지는 게 너무 섭섭하다.

④여자는 에리를 위해 특별한 선물을 준비하려고 한다.

女：１年間一緒に勉強していたエリーさんと別れることになりとても

寂しいです。

男：出会いがあれば別れもあるじゃないですか。そんなに残念がらないでください。また会える日が来ますよ。

女：そうですね。エリーさんのために何か思い出に残るプレゼントを準備しないと。

男：アメリカに帰っても韓国を思い出させるプレゼントだといいですね。

①エリーはアメリカに帰っても韓国語をずっと勉強するだろう。

②エリーは女性のためにプレゼントを準備した。

③男性はエリーと別れることがとても寂しい。

④女性はエリーのために特別なプレゼントを準備しようとしている。

Point **섭섭하다**（名残惜しい、寂しい）、**아쉽다**（未練がましい、惜しい）、**-기 마련이다**（～するに決まっている、当然～するものだ）などの表現を覚えましょう。

筆記① 発音 P.107～

1. ④ 用事が終わるや否やここまで走って来ました。

Point 二つの単語からなる一つの合成語や語句の場合、後ろの語が母音**이**、**야**、**여**、**요**、**유**で始まる時には「ㄴ」が挿入されるので、**볼일이**は**볼**＋ㄴ＋**일이**→[**볼**＋**니리**](ㄴ挿入、連音化)→[**볼리리**](流音化)という発音になります。

2. ① 真夏は蒸し暑いので、苦労をしなければなりません。

Point 発音変化は、**한**＋ㄴ＋**여름에는**→[**한녀르메는**](ㄴ挿入、連音化)となります。

3. ③ 私の友達は26才なのに、よく未成年者に見られます。

Point 発音変化は、**스물**＋ㄴ＋**여섯 살인데**→[**스물**＋**녀섣싸린데**](ㄴ挿入、濃音化、連音化)→[**스물려섣싸린데**](流音化)となります。

4. ① 雨や強い風で花びらが落ちました。

Point 発音変化は、**꽃**＋ㄴ＋**잎이**→[**꼳**＋**니피**](ㄴ挿入、連音化)→[**꼰니피**](鼻音化)となります。

5. ② きれいな花の上にハチが飛び回っています。

Point 複合語や単語と単語の間で前の単語のパッチムの後に母音**이**、**야**、**여**、**요**、**유**以外の母音で始まる単語が続く場合は、前のパッチムがそのまま連音せず、その代表音(単独で発音した時の音)が連音するので、**꽃**＋**위에**→[**꼳**＋**위에**]→[**꼬뒤에**](連音化)となります。

6. ① バスに乗ったが、座る所がなくて立っていました。

Point 発音変化は、**앉을**＋**데가**→[**안즐떼가**](連音化、濃音化)となります。

7. ③ これを暗記できないと、明日の試験に合格するのは難しいと思います。

Point 否定の副詞**못**が**이**、**야**、**여**、**요**、**유**以外の母音で始まる後続の単語と結合する場合、パッチム**ㅅ**の代表音[**ㄷ**]が連音するので、**못**＋**외우면**→[**몯**＋**외우면**]→[**모되우면**](連音

化)となります。

8. ② どこか具合が悪いんですか？
何の薬を飲んでいるんですか？

Point 発音変化は、**무슨**＋ㄴ＋**약을** →[**무슨냐글**](ㄴ挿入、連音化)となります。

9. ① 明日色鉛筆とハサミを用意してきてください。

Point 発音変化は、**색**＋ㄴ＋**연필이랑**→[**색**+**년피리랑**](ㄴ挿入、連音化)→[**생년피리랑**](鼻音化)となります。

10. ③ 参鶏湯、何人前注文しましょうか？

Point **몇 인분**、**첫인상**は例外としてㄴが挿入されず、**몇**と**첫**のパッチムの代表音[ㄷ]が連音して**몇 인분**→[**며딘분**]、**첫인상**→[**처딘상**]となります。

11. ① 食用油とごま油のうち何を入れるのがいいかな？

Point **식용유**の発音変化は、**식용**＋ㄴ＋**유**→[**시공뉴**](連音化、ㄴ挿入)となります。

筆記② 穴埋め① P.109～

1. ③
最近は老若男女問わず(　　　　)を好んではく。
①屋台　②鳩
③ジーパン　④客間

Point **즐기다**(楽しむ、好む)は、**즐겨**＋動詞の形で、**즐겨 입다**(好んで着る)、**즐겨 보다**(好んで見る)、**즐겨 먹다**(好んで食べる)のように使えます。

2. ④
うちの夫婦は赤ちゃんが生まれてからも、ずっと(　　　　)をしている。
①口直し　②紫外線
③お寝坊さん　④共働き

Point **맞-**は一部の名詞に付いて「相～」「互いの」「真っ向～」の意味を表す接辞です。**맞벌이**(共稼ぎ)、**맞대결**(ガチンコ対決)、**맞장구**(相づち)、**맞장기**(<将棋の>対馬、平手)など。また、一部動詞に付いて「互いに～」「一緒に～」「～し合う」の意味を表します。**맞들다**(両方で持ち上げる)、**맞서다**(対立する、張り合う)、**맞잡다**(持ち合う、協力する)など。

3. ④
先週から家で(　　　　)を飼って

いるんですが、私が毎日餌をやっています。
①星座　②電柱
③タンポポ　④金魚

4. ③
いくら水を飲んで努力をしても(　　　)が止まらない。
①蛍光灯　②働き口
③しゃっくり　④血圧
Point **딸꾹질을 하다**(しゃっくりをする)、**딸꾹질이 나다**(しゃっくりが出る)、**하품을 하다**(あくびをする)、**하품이 나오다**(あくびが出る)、**재채기가 나다**(くしゃみが出る)などの表現も覚えましょう。

5. ②
全州はビビンバのようなおいしい食べ物も多いし、(　　　)もたくさんある。
①評判　②見どころ
③学用品　④景気
Point **-거리**は一部の名詞に付いて、①「～の種／材料／ネタ」②「～分」の意味を表す接辞です。**볼거리**(見どころ)、**걱정거리**(心配の種)、**국거리**(汁の材料、具)、**이야깃거리**(話の種)、**한나절거리도 안 되는 일**(半日分にもならない仕事)、**한 사람거리의 일**(一人分の仕事)など。

6. ①
妹は(　　　)がいいので、初めて会う人ともよく話せる。
①愛想　②過半数
③けち　④けち、悪賢い人
Point **붙임성**(社交性、愛想)は、**붙임성이 있다**(愛想がいい)、**붙임성이 없다**(愛想がない)のように使えます。関連して**애교를 부리다/애교를 떨다**(愛嬌を振りまく)の表現も覚えましょう。

7. ④
昨日デパートの前で(　　　)に遭って、財布をなくしてしまいました。
①断念　②日帰り
③丸　④すり
Point **소매치기를 당하다**(すりに遭う)の他に、**도둑을 맞다**(泥棒に遭う)、**도둑이 들다**(泥棒に入られる、泥棒が入る)などの表現も覚えましょう。

8. ②
(　　　)は健康に良い野菜だけど、うちの子は食べようとしない。
①垣根
②ホウレンソウ
③ヒマワリ
④紅参(高麗人参を蒸して乾燥させたもの)

9. ④

旅行はこの仕事がまず(　　　　)してから考えてみましょう。

①くしゃみ　②健康管理

③足取り　　④一段落

Point **일단락을 짓다**で「一段落する」「一区切り付ける」。**몸조리**は「養生」「健康管理」。病気の人に「お大事に」と言いたい時は、**몸조리 잘하세요**と言います。

10. ②

来月結婚する高校の友達から(　　　　)をもらった。

①撮影　②(結婚式などの)招待状

③辞表　④後ろ指

Point 「招待状」には**초대장**という単語もありますが、特に結婚式の招待状は**청첩장**と言います。

11. ③

目の前ばかり見ないで将来を(　　　　)ようにならなければならない。

①横切る　　②先に立たせる

③見通せる　④背負える

12. ③

今回の試合で世界新記録が出たので、今までの私の記録が(　　　　)しまった。

①吠えて　②片付けて

③破れて　④逃げて

13. ①

謝りに来た友達をそのまま(　　　　)ことを後悔している。

①帰らせた　②面倒を見た

③並べた　　④後を追った

14. ①

弊社の過ちで大変ご不便をおかけしたことに対し、(　　　　)お詫びを申し上げます。

①深甚なる　②悲惨な

③静かな　　④飽き飽きした

Point **심심하다**には「退屈だ」とは別に、「深甚だ」の意味があります。**심심한**の形で用いられて、「深甚なる～」「深い～」のように、気持ちがとても深いことを表現します。

15. ④

この選手に(　　　　)選手は、この間金メダルを取ったあの選手しかいない。

①出くわす　②互いにくっつける

③止める　　④匹敵する

16. ③

このたび皆さんに(　　　　)予定の新商品は二つもあります。

①始まる　　②支える

③初公開する　④表する

17. ②

どんなことがあっても私の味方になってくれる(　　　　)友達がいて幸せです。

①くすぐったい ②心強い
③冷静な　　　④思いやりがない

Point 든든하다は「丈夫だ」の他に、「心強い」という意味もあります。

---

18. ①

走ってきたら息が(　　　　)ちゃんとしゃべれません。

①苦しくて　②変わっていて
③爽やかで　④落ち着いていて

---

19. ④

仕事が忙しかったが、部長の命令だったので、(　　　　)先にやりました。

①とんでもなくて　②気兼ねなくて
③生意気で　　　　④仕方なく

---

20. ②

(　　　　)泣いてばかりいないで、何があったのかちゃんと話してください。

①満足なら　　②悔しいなら
③けだるいなら　④不思議なら

---

21. ②

何の話か分からないから、(　　　　)要点だけ話してください。

①じっくり　　　②手短に
③いずれにしても　④間もなく

---

22. ②

なぜ急に会社を辞めたのか、課長の行動が(　　　　)理解できない。

①全部で　　②まったく
③だんだんと　④一斉に

---

23. ①

ダイエットどころか(　　　　)太って、最近悩んでいます。

①ますます　②快く
③要するに　④なかなか

---

24. ②

(　　　　)私が一番嫌いな先輩が妹の彼氏だとは、あきれたもんだ。

①あまりにも　②よりによって
③ちょっと　　④どうやら

---

25. ①

早く卒業したかったのですが、(　　　　)卒業してみるとちょっと寂しいですね。

①いざ　②第一
③これで　④たまに

---

26. ③

今回のオリンピックで、うちの選手たちが金メダルを(　　　　)20個も取りました。

①ただし　②数多く
③なんと　④どうせ

27. ④
今年に入って(　　　　)良いニュースばかり入ってきて、とても幸せだ。
①並大抵の(〜ではない)
②とっくに
③ちらっと
④相次いで

28. ③
A：大学受験の準備をしているんですってね？　頑張ってください。
B：はい、ありがとうございます。(　　　　)頑張ります。
①胸がいっぱいになるけれど
②耳障りだけれど
③やるべきことが多いけれど
④悪事を長く続けているけれど

Point **갈 길이 멀다/넘어야 할 산이 많다**(やるべきことが多い)の他に、**갈 길이 바쁘다/갈 길이 급하다**(やるべきことが多い、急いでやらなければならないことが多い)、**갈 데까지 가다**(落ちるところまで落ちる、行くところまで行く)などの表現も覚えましょう。**가슴이 터지다**(胸が張り裂ける、胸がいっぱいになる)と共に、**가슴이 두근거리다**(胸がドキドキする、胸が騒ぐ)、**가슴이 쓰리다**(胸が焼ける)、**가슴이 저리다**(胸がうずく、胸が痛む)、**가슴이 찢어지다/찢기다**(胸が張り裂ける)などの表現も覚えましょう。

29. ③
A：今回の試合どうでしたか？
B：(　　　　)努力してもできないことってあるんですね。
①後押しして
②ため口をきいて
③必死になって
④おしゃれして

Point **기를 쓰다**(全力を尽くす、必死になる)の他にも、**기가 막히다/차다**(①とても素晴らしい、言葉では言い表せない ②あぜんとする)、**기가 살다**(意欲が湧く、意気揚々となる)、**기가 질리다**(怖気づく、気がひるむ)、**기를 꺾다**(気をくじく)、**기가 꺾이다**(気がくじける)、**기를 펴다**(①気が晴れる、羽を伸ばす ②一安心する、胸をなでおろす)、**기를 펴지 못하다**(気持ちが晴れない、くつろげない)などの表現を覚えましょう。

30. ④
A：お会いできてうれしいです。代理のイ・サンミンです。
B：新入社員のキム・ミンジュンです。会社で注意する点がありましたら教えてください。

A：うちの部長に(　　　　　)気を付けてください。
①一肌脱がないように
②(妻が夫に)愚痴をこぼさないように
③試験に落ちないように
④憎まれないように

Point **눈**や**발**に関連した表現は、選択肢の表現以外にも非常にたくさんあります。**눈 깜짝할 사이**(あっという間)、**눈 둘 곳을 모르다**(目のやり場に困る)、**눈 하나 깜짝하지 않다/눈도 깜짝 안 하다**(びくともしない、眉一つ動かさない)、**눈을 끌다/눈길을 끌다/눈길을 모으다**(人目を引く、目を奪う)、**눈길이 미치다**(目が届く)、**발걸음이 가볍다**(足取りが軽い)、**발걸음이 무겁다**(足取りが重い)、**발길에 차이다/발길에 채다**(①足蹴(あしげ)にされる ②ありふれている)、**발등에 불이 떨어지다/붙다**(足元に火が付く、尻に火が付く)、**발등의 불을 끄다**(急場をしのぐ)、**발로 뛰다**(自ら歩き回る、実際に行動する)、**발로 차다**(①足蹴にする ②振る、関係を絶つ)、**발로 차이다**(足蹴にされる、振られる)、**발목을 잡다**(①身動きを取れなくする ②<ある事柄に>縛り付ける ③弱みを握る)、**발목을 잡히다**(身動きが取れなくなる、弱みを握られる)、**발에 차이다/채다**(あちこちにある、ありふれている)、**발을 맞추다**(足並みをそろえる、歩調を合わせる)、**발을 붙이다**(<一定の場所に>落ち着く、腰を据える)、**발/발길/발걸음이 떨어지지 않다**(名残惜しい、心残りだ、後ろ髪を引かれる)、**발/손발/손이 묶이다**(足止めを食らう、身動きができなくなる)などの表現を覚えましょう。

31. ③

A：今回のプロジェクトのために良い意見があったら、話してください。
B：いくら(　　　　　)良いアイデアが浮かびません。
①感服しても
②頭をよぎっても
③知恵を絞っても
④悩んでも

Point 選択肢の表現以外に**머리**に関連した表現は、**머리가 가볍다**(頭が軽い、気分が爽やかだ)、**머리가 굳다**(①頭が固い、頑固だ ②頭が鈍い、知恵が回らない ③頭が固くなる)、**머리가 돌다**(①頭の回転が速い ②気が狂う)、**머리가 돌아가다/머리가 잘 돌아가다/머리 회전이 빠르다**(頭の回転が速い)、**머리가 빠지다**(①頭を悩ます、頭を痛める ②気苦労する、気をもむ)、**머리끝에서 발끝까지**(頭のてっぺん

から爪の先まで、全身)、**머리를 들다/쳐들다**(頭をもたげる、台頭する)、**머리를 맞대다**(額を集める)、**머리를 모으다**(額を集める、みんなで考える)などがあります。

32. ④

A：あの歌手最近テレビに出ませんね。

B：今まで変なうわさのせいで(　　　　)。

A：本当ですか？　だから活動を全然しなかったんですね。

①格好をつけたそうです

②膝を交えたそうです

③メールに返信をしなかったそうです

④ひどい目に遭っていたそうです

Point **몸살을 앓다**は①「体調を崩す」「病気にかかる」　②「(経済などが)ひどい状態に陥る、つらい目に遭う」の意味。他にも**몸살이 나다**(①<過労が原因の>病気にかかる、体を壊す、体調を崩す　②<何かがしたくて>うずうずする、むずむずする　③苦痛を感じる、苦しむ)などの表現を覚えましょう。

33. ①

A：今回の旅行楽しかったですか？

B：はい、本当に楽しかったです。ところが、旅行中に入った店で(　　　　)。

A：今だにそのような店があるんですね。気を付けないといけませんね。

①ぼられました

②使い果たしました

③約束をすっぽかされました

④壁にぶち当たりました

Point 選択肢の表現以外に、**바가지를 씌우다**(ふっかける、ぼる)、**바닥이 드러나다**(①底を突く、底をたたく　②底が割れる、めっきが剝げる)、**바닥이 보이다/바닥을 보다**(①底を突く　②<相手の本質や思惑が>見え見えだ)、**벽을 넘다**(壁を越える)、**벽을 쌓다/담을 쌓다**(関係を断つ)などの表現も覚えましょう。

34. ③

A：このたび同僚が昇進したんですってね？

B：はい。でも、実は同僚の幸せな姿を見ると(　　　　)。

①顔が広いです

②腹黒いです

③妬ましいです

④きまり悪かったです

Point 選択肢の表現以外に、**배가 등에 붙다**(おなかと背中がくっつくほど空腹だ)、**배가 부르다**(①不足がない、満ち足りている　②妊娠

する)、**손에 걸리다**(手に掛かる、引っ掛かる)、**손에 꼽히다**(屈指のものである)、**손에 달리다**(手腕にかかる、腕次第だ)、**손에 익다**(手慣れる、熟練する)、**손에 잡히다/손끝에 잡히다/손에 잡힐 듯하다**(①<仕事などが>手に付く、能率が上がる ②手に取る)、**손에 쥐다**(手に入れる、手にする)、**손에 넘어가다**(手に渡る、手に落ちる)、**손에서 벗어나다**(手の内から脱する)などの表現も覚えましょう。**손이 부끄럽다**は、助けようと出した手を無視されることから転じて、「無礼な目に遭う」、また、**내 손이 부끄럽다**の形で「出しゃばり過ぎて恥ずかしい」の意味があります。

---

35. ③

A：さっき学生たちがとてもうるさかったでしょう?

B：はい、ところが、先生が教室に入ってくるや否や(　　　　　)静かになりました。

A：先生が怖いようですね。

①心を一つに合わせて

②念の為に

③水を打ったように

④判で押したように

Point **쥐 죽은 듯이**は、しんと静まり返っている様子を表す慣用句。**쥐도 새도 모르게**(人に気付かれないように、こっそり、密かに)などの表現も覚えましょう。

---

36. ①

A：車、新しく買われたんですか?

B：はい、ボーナスをもらったので(　　　　　)車を新しく買いました。

①思い切って

②手間仕事をして

③殴り合って

④興味を持つようになって

Point 選択肢の表現以外に、**큰소리가 나다**(①腹を立てる ②問題が起こる)、**큰일 날 소리를 하다**(余計なことを言う)、**큰일을 내다**(大それたことをしでかす)、**품이 들다**(手間がかかる、骨が折れる)などの表現も覚えましょう。

---

37. ②

A：昨日会社が終わってから何をしましたか?

B：部長に(　　　　　)お酒を飲みに行きました。

①まったく気にしないで

②叱られて

③時間をつぶして

④音を立てないで

---

38. ③

A：ヨンミさんは何の料理が一番好きですか?

B：(　　　　　)母が作ってくれた料理が一番です。

A：そうですね。僕も今度の連休は、実家に帰って母の料理を食べます。

①どういう風の吹きまわしで

②いやでも応でも

③何と言っても

④昼夜を問わずに

Point 選択肢の表現以外に、**뭐가 달라도 다르다**(やはりどこか違う、一目置く存在だ)、**뭐가 어째서**(何で、どうして)、**뭘 이런 걸 다**(<お土産などをもらい>お気遣いなく、ご丁寧に)などの表現も覚えましょう。

39.　③

A：何か心配でもあるんですか？

B：実は昨日夫とけんかしたんですが、夫が家を出ていきました。

A：(　　　　　)放っておいてください。怒りが収まったら家に帰ってくるでしょう。

①それもそのはず

②それにもかかわらず

③そうしようがしまいが

④仮にそうだとしても

Point 選択肢の表現以外に、**그러게 말이다**(そうだね、本当にそうだ)、**그러면 그렇지/그럼 그렇지**(それはそうだ、そうだろうと思った、やっぱりね)、**그런 법이 어디 있어?**(そんなのあり得ない)、**그렇게 됐어**(<はっきりと言わずに>そのようになった、まあちょっとね)、**그렇고 말고 간에/그러하고 말고 간에**(そうであってもなくても、いずれにせよ)、**그렇다 치고**(そうだとして<も>)、**그저 그렇다**(①まあまあだ ②ただそれだけだ、何でもない)などの表現も覚えましょう。

40.　③

A：高校に入ったら勉強のできる生徒が多すぎます。

B：(　　　　　)と言うじゃないか。だから、君も後れを取りたくないなら頑張って。

①まな板の上の鯉

②便りのないのはよい便り

③井の中の蛙(かわず)

④鬼に金棒

41.　④

A：このたび会社を辞めて、公務員試験を受けようかと思っています。

B：これでいったい何回目なの？
(　　　　　)と言うじゃないか。

①苦労を買ってでもする

②猫に鰹節

③初心忘れるべからず

④何事でも一つのことに励めば成功する

42. ②

A：昨日ニュースを見たら、あの人が大統領選挙に出るんですって。

B：あの人は大統領候補として出ても、(　　　　　)落ちると思います。

①誇大妄想　②十中八九

③虎視眈々　④正々堂々

43. ③

A：お母さん、明日から毎朝早起きして運動をします。

B：今度こそ(　　　　　)にならないように頑張らなきゃ駄目よ。

①男尊女卑　②大同小異

③三日坊主　④半信半疑

筆記③ 穴埋め②

P.117～

1. ③

今回の旅行、遠くに行くのは無理で日帰り(　　　　　)可能だと思います。

①すら　②ほど　③なら　④さえ

Point 助詞の(이)나にはさまざまな意味があるので、例文と共に確認してください。例:**연필이나 샤프를 준비해 주세요**(鉛筆かシャープペンを用意してください)、**어디서 커피나 마실까요?**(どこかでコーヒーでも飲みましょうか?)、**부모님 생일이나 기념일에 선물을 해요**(両親の誕生日や記念日にプレゼントをします)、**여기까지 몇 시간이나 걸려요?**(ここまで何時間ぐらいかかりますか?)、**영화가 너무 재미있어서 세 번이나 봤어요**(映画がとても面白くて、3回も見ました)、**그런 문제는 선생님이나 풀 수 있겠지요**(そんな問題は先生だけが解けるでしょう)

2. ①

今日(　　　　　)食欲がないけど、どこかおいしい店はないかな?

①に限って　②であれ

③というのは　④やら

3. ③

君(　　　　　)就職しちゃったら、私一人でどうやって勉強するんだ。

①に　②からだけ

③まで　④こそ

4. ①

部下にセクハラをするつもりは少し(　　　　　)ありませんでした。信じてください。

①も　②やら

③こそ　④にしては

Point **티끌**には「ごく小さい」「わず

かだ」の意味があります。**만치도**は否定の表現と共に用いられて「〜もない／しない」という表現になります。

5. ②

こんなことは映画やドラマの世界(　　　　　)あり得る場面です。

①から　　　②でだけ

③からだけ　④のところに

6. ③

海外旅行(　　　　　)国内旅行もちゃんと行ったことがない。

①だとか　　②ほども

③どころか　④からだけ

7. ②

退勤時間を(　　　　　)昼食も食べずに仕事を早く終わらせた。

①繰り上げながらも

②繰り上げようと

③繰り上げることで

④繰り上げたり

8. ③

けんかした後に友達が先に(　　　　　)仲直りした。

①謝るのかとか

②謝った後も

③謝るので

④謝っているのに

9. ①

家族みんながおいしく(　　　　　)毎日朝食の準備をします。

①食べてくれると言うなら

②食べてくれたり

③食べてくれるとおり

④食べてくれたが

10. ③

体調が悪いのだから会社に(　　　　　)欠勤して家でゆっくり休んだ方がいいと思います。

①行くから　②行くとか

③行くより　④行ったが

11. ②

妹は初めて会う人に人見知りを(　　　　　)ちゃんと話せません。

①していたが　②するので

③したのか　　④したとしても

12. ③

学校に行きたくなくて仮病を(　　　　　)本当にがっかりですよ。

①使ってこそ

②使うほど

③使うとは

④使おうとしたら

13. ①

(　　　　　)私は出世とは縁遠い人です。

①ご存じの通り　②ご存じだったが
③ご存じであっても　④ご存じでも

14. ③
好きなハンバーグも毎日(　　　　　)もう飽き飽きする。
①食べていたが　②食べるとか
③食べたら　④食べるだろうと

15. ④
この映画も何回も(　　　　　)もう面白くない。
①見ただろうと
②見てからやっと
③見ることで
④見たら

16. ①
私が金メダルを(　　　　　)夢にも思わなかった。
①取るだろうとは
②取っていたが
③取るとか
④取れとか

17. ①
いくら小言を(　　　　　)良くなるはずがない。
①言ってみたところで
②言ってみようと思うと
③言ってみるだけに
④言ってみたから

18. ④
仕事をしていてまた勉強を(　　　　　)何から始めればいいか分かりません。
①始めたら
②始めようと
③始めるよりは
④始めようと思うと

19. ③
学生たちに毎朝運動を(　　　　　)。
①するに決まっている
②してしまう
③させる
④してみよう

20. ③
人なら誰だって(　　　　　)。
①失敗しようとする
②失敗次第だ
③失敗するものだ
④失敗しさえする
Point -게/기 마련이다は、「～する／であるに決まっている」「当然～するものだ)」の意味になります。

21. ③
今回は必ずそのチームに(　　　　　)。
①勝つものだ
②勝ったようだ
③勝ってみせる

④勝つのだろうかと思う

Point **-고(야) 말겠다**は「～してやる」「～してみせる」「必ず～する」という意味。**-고(야) 말았다**ならば「～してしまった」という意味です。

22. ④

食事が(　　　　　)ゲームを始めた。

①終わったせいで

②終わったせいで

③終わるみたいに

④終わるや否や

Point **-기가 바쁘게**は、「～するや否や」「～するなり」「～した途端」の意味です。

23. ②

この試験に(　　　　　)先生でも無理だ。

①合格するだけでも

②合格することは

③合格してから

④合格したら

Point **-기란**は「～することは」の意味です。

24. ②

私が(　　　　　)何の問題もなく終わることができる。

①我慢するかしないかは

②我慢しさえすれば

③我慢するには

④我慢したりして

Point **-기만 하면**は①「～しさえすれば」「～すれば必ず」②「～してばかりいると」の意味です。

25. ③

うちのクラスみんなが大学に合格して(　　　　　)。

①うれしいだけだ

②うれしいようだ

③うれしい限りだ

④うれしいせいだ

Point **-기 한이 없다**は「～(な)こと極まりない」「～(な)限りだ」「～に堪えない」「この上なく～である」の意味です。

26. ①

風邪を(　　　　　)頭痛までしてとてもつらいです。

①ひいた上に

②ひいただけ

③ひいたか分からず

④ひいた通り

Point **-(으)ㄴ 데다가**は「～した上に」の意味です。

27. ②

A：こんなに(　　　　　)エアコンをつけないとは。

B：実は昨日エアコンが壊れたんで

すよ。修理するには、ちょっと時間がかかりそうです。

①暑いとは知らず

②暑いのにもかかわらず

③暑いままで

④暑い感があって

Point -(으)ㄴ 데도 불구하고は、「〜(であるの)にもかかわらず」の意味です。

---

28. ①

A：うちの子はいくらするなと言っても、言うことを聞かないんですよ。

B：するなと言うと子どもたちはもっと(　　　　　)。

①したがるものです

②したいふりをします

③するようなことはないです

④しているところです

Point -는 법이다は、「〜するものだ」の意味です。

---

29. ①

A：二人はあんなに仲良かったのに、この前離婚してご主人は海外に行ったらしい。

B：しょせん夫婦は離婚したら(　　　　　)。

①他人なわけだ

②他人だと思った

③他人のふりをする

④他人にとどまらない

Point -(으)ㄴ 셈이다は「〜なわけだ」の意味です。

---

30. ①

寝坊をして(　　　　　)たくさんの人に迷惑を掛けた。

①遅刻したせいで

②遅刻するとしても

③遅刻するなんて

④遅刻するとしても

Point -(으)ㄴ 탓에/탓으로は「〜したせいで」「〜したために」の意味です。

---

31. ①

(　　　　　)早く電話してみてください。

①行くか行かないかはさておき

②行かないせいで

③行くか行かないのだろうかと思って

④行くことがあっても

Point -고 -고는 둘째 치고は、「〜か〜かはさておき」の意味。**는/은 둘째 치고**(〜はともかく、〜はさておき)という表現も併せて覚えましょう。

---

32. ④

おなかを(　　　　　)友達との約束も取り消した。

STEP 3 合格徹底ドリル 解答 筆記

①壊すことはないので
②壊す場合があるので
③壊した場合には
④壊したせいで
Point **배탈이 나다**で「おなかを壊す」。**-는 바람에**は「〜する／したせいで」「〜する／したあおりで」「〜する／した拍子に」の意味です。

33. ③
うそをつく友達に(　　　　　)怒りました。
①我慢していたところに
②我慢するのなら
③我慢し切れず
④我慢するつもりで
Point **-다(가) 못해**は「〜し切れず」「〜しかねて」の意味です。

34. ①
私の友達はとても面白くて(　　　　　)モテる。
①優しいものだから
②優しいとしても
③優しいからって
④優しいだけでも
Point **-다 보니(까)**は「〜(な)ものだから」「〜(な)もので」の意味です。

35. ③
A：昨日欠勤していましたが、どこか具合でも悪いんですか？
B：最近は(　　　　　)また風邪をひきました。
①健康であるからには
②健康になるつもりで
③健康だと思ったら
④健康なだけ
Point **-다 싶다、-다 하다**は「〜(だ)と思う」「〜(な)気がする」の意味です。

36. ②
いくら外国語が(　　　　　)ネイティブほどではないだろう。
①上手だったところに
②上手だといったって
③上手そうなので
④上手だろうし
Point **-대야、-ㄴ/는대야、(이)래야**は「〜(だ)といったって」「〜(だ)としても」の意味です。

37. ①
A：大学院に進学することに決めたの？
B：うん、(　　　　　)先輩のアドバイスを聞いて決心した。
①迷っていたところに
②迷っているだろうから
③迷えと言わんばかりに
④迷おうとしていたところに
Point **-던 참에、-고 있던 참에**は

「～していたところに」の意味です。

38. ④

A：最近どこか行ってきたの？
全然会えないから。

B：久しぶりに友達にも(　　　　)
フランスに旅行をしてきた。

①会うべきで
②会えと言わんばかりに
③会うだろうし
④会うのを兼ねて

Point -(으)ㄹ 겸は「～するのを兼ねて」「～しがてら」の意味です。

39. ②

お忙しいところ、わざわざ手伝ってくださって(　　　　)。

①感謝しようとしてやめました
②ありがたい限りです
③ありがたいでしょうに
④感謝できません

Point -(으)ㄹ 따름이다は「～するだけだ／(な)だけだ」「～するばかりだ／(な)ばかりだ」の意味です。

40. ①

A：さっき友達とけんかして先生に叱られた。

B：遅刻した上に友達とけんかまでして、先生に(　　　　)。

①叱られて当然だよ
②叱られるとは思わなかった
③叱られそうです
④叱られてはいけません

Point -(으)ㄹ 만하다は、①「～して当然だ」「～するだけある」「～できそうだ」②「～する価値がある」「～するに値する」「～してみるべきだ」③「～しそうだと思う」「～する頃だと思う」の意味の表現です。
例：**이 근처에 먹을 만한 데 없을까요?**(この近くにおいしいところないですかね？)、**여기는 겨울이 올 만하면 눈이 내린다**(ここは冬が来る頃に雪が降る)

41. ③

明日雨がたくさん(　　　　)傘を用意して出掛けてください。

①降るだろうとは
②降るんじゃないかと思って
③降るだろうから
④降ると思って

Point -(으)ㄹ 텐데は①「～(はず)だろうに」「～(する)だろうから」②「～(する)だろう」の意味。

42. ②

A：ここまで本当に走ってきたのか？

B：うん、だけど最近体力が(
　　　　)。

①昔と同じだ
②昔ほどではない
③昔以上だ

④昔に過ぎない

Point **만 같지 못하다**、**만 같지 않다**は「〜には及ばない」「〜の方が良い」の意味。

43. ③

どんなに歌が上手でも(　　　　)?

①歌手なわけですよね

②歌手ではないかと思いますか

③歌手に及ぶでしょうか

④歌手並みですか

Point **만 하겠어(요)?**は「〜に及ぶでしょうか?」つまり、「〜には及ばない」「〜にはかなわない」の意味です。

44. ①

A:テレビを見たら、あの歌手思ったより素朴だったな。

B:そうだね。自分は芸能人だけど、学校では(　　　　)言っていた。

①女子高生にすぎないと

②女子高生じゃないかと思うと

③女子高生ではいけないと

④女子高生であっても意味がないと

Point **에 불과하다**は「〜にすぎない」。

45. ②

A:宿題を家に置いてきたって?それなら家に早く電話してみて。

B:家に今、誰も(　　　　)。

①いないからって、何か悪いんですか

②いないと思います

③いるんじゃないかと思います

④いるんじゃないでしょうか

Point **-지 싶다**は「〜するだろうと思う」「〜しそうな気がする」「〜しそうだ」の意味です。

筆記④ 置き換え表現 P.125 〜

1. ① 親は年がら年中、子どもの心配ばかりしています。

①毎日のように　②どうにか

③残らず　④休み休み

Point 併せて**비 오듯 하다**(涙や汗などの液体が大量に流れる様子)などの表現も覚えましょう。

2. ③ いつ結婚式に呼んでくれるの?

①添える　②ざっと数える

③結婚する　④凍らせる

Point 結婚式で**국수**(麺)を振る舞うことから、**국수를 먹여주다**(麺を食べさせてくれる/あげる)は「結婚する」「結婚式に招待する」などを比喩的に表す表現です。**먹고 싶다**(生

きる、生活する)、**먹여 살리다**(養う)、**먹을 복이 있다**(食べ物に関して運がいい)など、**먹다**に関連する表現も併せて覚えましょう。

3. ③ 最近ずっと暗い顔をしていて心配です。
①内気な ②眠い
③憂鬱(ゆううつ)な ④明るい
Point **그늘이 지다**(①陰ができる、陰になる ②<心が>曇る、陰鬱(いんうつ)になる)と併せて、**그늘에 가리다**、**그늘에 묻히다**(<主に〜**의 그늘에 가리다**の形で>陰に隠れる)などの表現も覚えましょう。

4. ① 子どもがお母さんに叱られて泣いています。
①叱られて ②ふざけて
③からかって ④せがんで
Point 併せて**야단을 치다**(①大声で叱り飛ばす ②やたらに大騒ぎする)などの表現も覚えましょう。

5. ① 聞きたくない話も将来役に立つから、よく聞いてください。
①将来役に立つから
②ひびが入るから
③ごちそうになるから
④要領よく振舞うから
Point **피가 되고 살이 되다**には、「(食べ物が)よく吸収されて栄養となる」という意味と共に「(学んだ知識・経験などが)身に付いて将来役に立つようになる」という意味があります。

6. ② 貧しいけど、本当にいい人です。
①切実だけど ②貧しいけど
③粘り強いけど ④卑怯だけど
Point **가진 게 없다**は「貧しい」「貧乏だ」。その他に**없다**を用いる表現として、**국물도 없다**(①許さない、容赦しない ②何の得にもならない、何も得るものはない ③おしまいだ)、**달다 쓰다 말이 없다**(無反応だ)、**따로 없다**(<主に**가/이 따로 없다**の形で>〜も同然だ、〜と変わらない、まさしく〜だ)、**빈틈이 없다**(①隙間がない ②抜け目がない、手抜かりない)、**소득이 없다**(無駄骨を折る)、**숨 돌릴 새도 없다**(息つく暇もない)、**이렇다 저렇다 말이 없다**(何の意見も言わない、意思表示をしない)、**입이 열 개라도 할 말이 없다**(弁解できない、言い訳できない)、**터무니가 없다**(とんでもない、でたらめだ、とてつもない)、**소리 소문도 없이**(ひそかに、こっそり)、**두말없이**(つべこべ言わずに、とやかく言わずに)、**너 나 할 것 없이**(誰彼なしに、皆、全ての人が)などがあります。

STEP 3 合格徹底ドリル 解答 筆記

7. ④ 10年も働いていた会社で解雇されるなんて、信じられません。

①悟るなんて
②慰めるなんて
③追いつくなんて
④解雇されるなんて

Point **목이 날아가다**の他に、**목이 달아나다**、**목이 잘리다**も「解雇される」「首を切られる」の意味。「解雇する」「首にする」は**목이 자르다**です。**목**を用いる表現には他にも、**목을 매다/목을 매달다**(①首をつる ②<何かに>一筋に生きる)、**목이 메다**(感極まる)、**목이 잠기다**(喉がかれる、声がかすれる)、**목이 찢어지게/목이 찢어지도록**(声を張り上げて、大声で)、**목이 타다/목이 마르다**(①喉が渇く ②<**목(이) 타게**の形で>切望して)などがあります。

8. ② 真冬に妊娠している体で外出しました。

①丈夫な体で
②妊娠している体で
③むかむかする体で
④吐いた体で

Point **몸이 무겁다**(①体が重い ②妊娠している)の他に**몸**を用いる表現として、**몸에 배다/몸에 익다**(①身に付く、慣れる ②身に染み付く、心に宿る)、**몸을 던지다**(①情熱を傾ける、熱中する ②身を投げる)、**몸을 떨다**(<興奮で>体を震わす)、**몸을 바치다**(①犠牲になる ②身をささげる、③貞操をささげる)、**몸을 버리다**(健康を損なう、体を壊す)、**몸을 아끼다**(体を大切にする)、**몸이 굳어지다**(<緊張などで>石のように固まる)などがあります。

9. ① 夫は人の話を信じやすいので心配です。

①人の話をすぐ信じるので
②人の話を付け加えるので
③すぐ気付くので
④すぐ声を張り上げるので

Point **귀가 얇다**は「(人の話を)信じやすい」「真に受けやすい」「だまされやすい」の意味です。

10. ② 留学に行きたかったが、家族に反対されて結局諦めるしかありませんでした。

①見下ろすしかありませんでした
②諦めるしかありませんでした
③慌てるしかありませんでした
④目立つしかありませんでした

Point **생각을 접다**(考えを畳む)は「諦める」という意味です。

11. ③ 父もおじも国会議員ですが、今回のことで辞めることになりました。

①慎むことに ②座らせることに

③辞めることに　④崩れることに

Point **옷을 벗다**(服を脱ぐ)は、ある職業を「辞める」ことを意味します。

12. ①　父が先に亡くなって母は一人で私たちを育ててくれました。

①亡くなって　②返して

③放り出して　④退いて

Point **세상을 뜨다/세상을 떠나다**(世を去る、亡くなる)の他に**세상**を用いる表現には、**세상 돌아가는 얘기/세상 돌아가는 꼴**(世間話)、**세상에 공짜는 없다**(ただより高いものはない)、**세상을 얻다**(思い通りになる)、**세상이 무서운 줄 모르다**(怖いもの知らず)などの表現があります。

13. ③　娘をこんなに早く結婚させたい気持ちなんてみじんもありません。

①そっと　②それほど

③全然　　④初めて

Point **손톱만큼도**は「爪の先ほども」「少しも」「全然」の意味です。

14. ②　年末年始は会社の仕事で目が回るほど忙しいです。

①とても懐かしいです

②とても忙しいです

③今更のようです

④目まいがします

Point **눈코 뜰 새 없다**は「目が回るほど忙しい」「息つく暇もない」「てんてこまいする」の意味です。他に**코**を用いる表現には、**코가 땅에 닿다**(深々とお辞儀する)、**코가 비뚤어지게**(へべれけになるまで)、**코를 찌르다**(<悪臭などが>鼻を突く)、**코앞에 닥치다**(目前に控える、目の前に迫る)、**코웃음을 치다**(せせら笑う、鼻先で笑う)、**콧대가 높다/코가 높다**(鼻にかける、得意になる、気位が高い)、**콧대가 세다**(鼻っ柱が強い)、**콧대를 꺾다**(鼻っ柱を折る、鼻を折る)、**콧대를 세우다**(鼻を高くする、思い上がる、天狗になる)などがあります。

15. ①　言うことを聞かない子どもをひどく叱りました。

①叱りました

②言い聞かせました

③寝かせました

④争いました

16. ④　コンピューターの前に座り込んで少しも動きません。

①転がって　②差し出して

③かぶせて　④座って

17. ①　今度のことで問題が起こらないように注意してください。

①問題が起こらないように

②値を付けないように
③目障りにならないように
④興がさめないように
Point **큰소리가 나다**には①「腹を立てる」②「問題が起こる」という意味があります。

18. ④ 友達と一緒に事業を始めて損をした。
①アタックした
②突破をした
③さじと箸を並べた
④損をした

19. ④ 映画で恥ずかしい場面が何回も出てきました。
①甘ったるい ②望ましい
③おかしい ④照れくさい

20. ④ A：昨日、遅くまでお酒を飲みましたか?
B：昨日会食があったのですが飲み過ぎて何も覚えていません。
①席を外しました
②懐が温かかったです
③口をとがらせました
④記憶をなくしました

21. ① A：今回開発された新製品の反応がとてもいいそうですね? おめでとうございます。
B：ありがとうございます。たくさんのミスと失敗を経て、今回の新製品を開発しました。
①試行錯誤を ②単刀直入を
③美辞麗句を ④生死と苦楽を

22. ④ A：昨日交差点前のビルで火事が起きたらしいけど、人的被害はないそうですか?
B：はい、火が広がって危ないところでしたが、建物の中にいた人たちはかろうじて助かったそうです。
①不可思議に
②なすすべなく
③前代未聞に
④九死に一生を得て

筆記⑤ 共通語彙 P.129～

1. ①
①風、浮気 ②ふた ③栓 ④斜面
Point 正解の選択肢を入れた文はそれぞれ、**오늘은 비도 오고 (바람)이 많이 불어서 외출하기 싫어요**(今日は雨も降って風が強いので、外出したくありません)、

(바람)을 피운 남편 때문에 화가 난 부인은 결국 이혼을 했다(浮気をした夫のせいで怒った妻は、結局離婚をした)、요새 우리 동네에 선거 (바람)이 불고 있어요(最近うちの町に選挙の嵐が吹いています)となります。下線部の表現と意味をチェックしてください。

---

2. ④

①甘く見る　②しでかす　③盗む　④飛ばす、はせる

Point 正解の選択肢を入れた文はそれぞれ、**종이비행기를 만들어 공원에서 (날려) 봤어요**(紙飛行機を作って公園で飛ばしてみました)、**이 분은 새로운 연구로 명성을 (날리고) 있는 선생님이세요**(この方は新しい研究で名声をはせている先生です)、**새로운 사업을 시작했지만 잘되지 않아 재산만 (날렸다)**(新しい事業を始めたが、うまくいかず財産を使い果たしただけだった)となります。

---

3. ②

①ただれる　②浸る、ふける　③重なる　④測る

Point 正解の選択肢を入れた文はそれぞれ、**문이 (잠겨 있었는데) 열쇠가 없어서 못 들어갔어요**(ドアに鍵がかかっていたんだけど鍵がなくて入れませんでした)、**어제 노래방에서 노래를 많이 불렀더니 목이 (잠겨) 버렸어요**(昨日カラオケで歌い過ぎたので、喉がかれてしまいました)、**수업 중에 깊은 생각에 (잠겨서) 선생님의 설명을 못 들었어요**(授業中に深く考え込んでいたので、先生の説明を聞けなかったです)となります。

---

4. ②

①漂う　②結ばれる、実る　③爆発させる　④あふれる

Point 正解の選択肢を入れた文はそれぞれ、**나무에 열매가 (맺히기) 시작했다**(木に実がなり始めた)、**울지 않으려고 했지만 자꾸 눈물이 (맺혀서) 참기 힘들었어요**(泣かないようにしていたが、何度も涙が込み上げて我慢するのが大変でした)、**그때 일이 가슴속에 (맺혀서) 잊을 수가 없어요**(あの時のことが心に残って忘れられません)となります。

---

5. ③

①揚げる　②分ける　③混ぜる、もらう　④ふやける

Point 正解の選択肢を入れた文はそれぞれ、**이 술은 너무 독해서 물에 (타서) 마시는 게 좋을 거예요**(この酒は強すぎるので水割りにして飲んだ方がいいと思います)、**오늘은 월급을 (타는) 날이라 아침부터 기분이 좋아요**(今日は給料日なので、朝から気分がいいです)、**저는 더위를 (타니까) 여름에는 밖에 나가기 너무 힘들어요**(私は暑がりなので、夏は外に出るのがとてもつらいです)となります。

---

6. ④

①飾る　②手探りする　③掘る　④覆う、選ぶ

Point 正解の選択肢を入れた文はそれぞれ、**파티에 참가한 사람들은 가면으로 얼굴을 (가려서) 누가 누군지 모르겠다**(パーティーに参加した人たちは仮面で顔を隠しているので、誰が誰だか分からない)、**우리 아이는 아직도 음식을 (가려서) 걱정이에요**(うちの子は今も偏食をしているので心配です)、**이제 어른이니까 때와 장소를 (가려서) 행동하세요**(もう大人だから時と場所をわきまえて行動してください)となります。

---

7. ①

①延ばす、負わす　②滞る　③正す　④どく

Point 正解の選択肢を入れた文はそれぞれ、**태풍 때문에 어쩔 수 없이 출발을 (미루었다)**(台風のために仕方なく出発を延ばした)、**뭐든지 남에게 책임을 (미루는) 것은 좋지 않아요**(何でも人に責任を負わせるのは良くないです)、**이번 결과로 (미루어) 봐서 모두들 많이 노력한 것 같다**(今回の結果から推測するに、みんなとても努力したようだ)となります。**미루다**には①「延ばす」②「(責任を)負わす」③「推し量る」などの意味があります。

---

8. ②

①刺す　②突く、火をつける　③撮られる　④支払う

Point 正解の選択肢を入れた文はそれぞれ、**어제 누군가가 이곳에 불을 (지르고) 야단이 났어요**(昨日誰かがここに火をつけて、大騒ぎでした)、**학교 복도에서 소리 (지르면) 안 돼요**(学校の廊下で声を張り上げてはいけません)、**이 길로 (질러서) 가면 20분은 빨리 갈 수 있어요**(この近道で行くと、20分は早く着けます)となります。

9. ③

①かく　②線を引く　③組む、絞る　④離れる

Point 正解の選択肢を入れた文はそれぞれ、**오늘 친구를 만나서 이번 여름 휴가 계획을 (짤) 생각이에요**(今日友達に会って今度の夏休みの計画を組むつもりです)、**설거지가 끝나고 깨끗하게 빤 행주를 잘 (짜서) 말렸어요**(皿洗いが終わって、きれいに洗った布巾をよく絞って干しました)、**이 공장에서는 사람들이 직접 천을 (짜서) 옷을 만들어요**(この工場では、人が自分で布を織って服を作ります)となります。

10. ①

①打つ、振る　②取り外す　③巻く　④つなぐ

Point 正解の選択肢を入れた文はそれぞれ、**집에 손님이 오자 강아지는 현관에 나가 꼬리를 (쳤어요)**(家にお客さんが来ると、子犬は玄関に出て尻尾を振りました)、**주말에는 산에 가서 텐트를 (치고) 캠핑을 했어요**(週末は山に行き、テントを張ってキャンプをしました)、**점을 아주 잘 (치는) 사람이 있다고 들어서 어제 가 봤어요**(占いがよく当たる人がいると聞いて、昨日行ってみました)となります。

11. ④

①弁償する　②腫れる　③射る　④ひねる、ねじる

Point 正解の選択肢を入れた文はそれぞれ、**수도를 (틀고) 양동이에 물을 받았어요**(蛇口をひねってバケツに水を入れました)、**오늘 내가 좋아하는 가수가 나온다던데 티비 좀 (틀어) 볼까**(今日私の好きな歌手が出るらしいけど、テレビをつけてみようか)、**사거리에서 오른쪽으로 (틀어서) 5분 정도만 가면 우리 회사가 나와요**(交差点で右に曲がって5分くらい行くと、うちの会社があります)となります。

筆記⑥ 対話文完成　P.132～

1. ③

A：突然電話してこんな頼みをしていいのか分かりませんが。

B：(　　　　　　　　　　)

A：実はあさってから旅行に行くのですが、うちの子犬を預かってもらえないかと思いまして。
①ミナさん、じゃんけんで決めましょう。
②ミナさんの意見をきちんと話してください。
③ミナさんの頼みなんだから、聞いてあげますとも。
④ミナさんは本当に気立てがいいと思います。

2．②
A：うちの会社の近くにイタリアンレストランが新しくできました。
B：(　　　　　　　　　　　　　　)
A：とても人気があるようですね。私もいつか一度行ってみなきゃ。
①そうなんです。うちの会社の前には飲食店が本当に多いです。
②知っています。店の前で1時間くらい待たないと食べられないそうです。
③イタリア料理が大好きなので、楽しみですね。
④聞きました。シェフがイタリア人だそうです。

3．④
A：料理が上手なんですってね？　家に遊びに行ったら、ごちそうしてもらえるんですか？
B：(　　　　　　　　　　　　　　)
A：そんなご謙遜を。会社の人たちが料理上手だと褒めていましたよ。
①私はよく出前を取るので、おいしい店に詳しいです。
②最近食欲がないんですが、一緒に外食しちゃ駄目でしょうか？
③うちにいらしたら、一緒にバーベキューをして食べましょう。
④私が料理をするよりは、外で食べた方がずっとおいしいと思います。

4．③
A：来月にあるマラソン大会に一緒に出場しませんか？
B：(　　　　　　　　　　　　　　)
A：大会までまだ時間があるので、一緒に練習すれば問題ないと思います。
①去年マラソン大会に出たことがあるんですよ。
②私は走るのが大好きです。最近も毎朝1時間ずつ走っています。

③ご存じの通り、私は運動とは縁遠い人です。

④最近会社の仕事がとても忙しくて、週末も会社に行っています。

5. ①

A：発表が思っていたのとかなり違うんですが、先に失礼してもいいでしょうか？

B：(　　　　　　　　　　　)

A：仕方ありませんね。ところで、いつ終わるんですかね？

①気に入らなくても、発表を最後まで聞いてください。

②たどたどしく発表をしてはいけないので、十分練習してください。

③9時に始まったので、あと30分ほどです。

④次の発表の準備をお願いしてもいいでしょうか？

6. ②

A：この映画、今回観客が集まらなくて、計画より上映が早く終わるんだって。

B：(　　　　　　　　　　　)

A：内容はいいけど、有名俳優が出てないからじゃないかな？

①それじゃあ私たちは今週末に会って、この映画を見よう。

②私、先週見たけど、本当に面白かったよ。なぜ人気がないんだろう？

③特に20代の女性たちに人気が高いんだって。

④映画の最初から最後までとても面白くてずっと笑っちゃうんだって。

7. ②

A：昨日、授業で発表すると言っていましたが、うまくいきましたか？

B：(　　　　　　　　　　　)

A：でも、一生懸命準備していったんだから、うまくいっただろうと信じています。

①ただ先週から一生懸命準備したんです。

②いいえ。いざ前で発表しようとしたら、緊張して何も思い浮かばなかったんです。

③はい、特に問題なく発表は終わりました。

④みんなの前で自信満々に発表しました。

8. ①

A：この前借りたお金と一緒に返すから、お金を貸してくれる？

B：(　　　　　　　　　　)

A：とても急なことなんだよ。すまないけど、今回一度だけ大目に見て。

①もう何回目だい？　まったくずうずうしいにもほどがあるよ。

②余計なお願いをして、君に迷惑ばかり掛けるな。

③君がいくら話しても、私はびくともしない。

④まだ終わっていないので、どうなるかよく分からない。

9．③

A：結婚してから奥さんとよくけんかをするんですか？

B：(　　　　　　　　　　)

A：今はそうでも、2、3年たったらお互いに理解できると思います。

①いいえ。新婚なので毎日仲良く過ごしています。

②特にけんかすることはないんですが、お互い仕事がとても忙しいです。

③はい。こんなささいなことでもけんかするんだなと思うほどです。

④けんかする時もありますが、できるだけお互いに理解しようと努力しています。

筆記⑦ 漢字 P.136～

1．① **商業＝상업**

①賞＝상　②将＝장

③証＝증　④章＝장

Point 상と表記する漢字はその他に「相」「上」「常」「象」「床」「償」「傷」「想」「像」「裳」などが、장には「長」「装」「奨」「場」「障」「張」「帳」「粧」「蔵」など、증には「増」「症」「蒸」などがあります。

2．④ **関税＝관세**

①感＝감　②換＝환

③漢＝한　④慣＝관

Point 관と表記する漢字はその他に「観」「管」「館」「貫」「官」などが、감には「鑑」「減」「監」など、환には「還」「患」「歓」などが、한には「限」「寒」などがあります。

3．③ **装置＝장치**

①総＝종　②相＝상

③長＝장　④超＝초

4. ④ 情勢＝정세

①乗＝승　②条＝조

③声＝성　④整＝정

Point 정と表記する漢字はその他に「定」「政」「正」「精」「頂」「庭」「丁」「停」「静」「程」などが、승には「勝」「昇」など、조には「彫」「朝」「祖」「遭」「調」「照」「造」「助」「措」「早」「組」など、성には「成」「性」「誠」などがあります。

5. ③ 除隊＝제대

①助＝조　②所＝소

③題＝제　④再＝재

Point 제と表記する漢字はその他に「提」「制」「弟」「製」「済」「際」「第」「剤」などが、재には「在」「災」「才」「財」「材」「載」「裁」などがあります。

6. ④ 支援＝지원

①始＝시　②詞＝사

③自＝자　④地＝지

Point 지と表記する漢字はその他に「紙」「指」「脂」「遅」「知」「祉」「旨」「止」「誌」「持」「摯」などが、시には「市」「時」「視」「試」「示」など、사には「思」「謝」「詐」「私」「砂」「死」「史」「事」「司」「師」「舎」「使」「仕」「写」「査」「似」などがあります。

7. ① 倉庫＝창고

①窓＝창　②想＝상

③障＝장　④性＝성

Point 창と表記する漢字はその他に「創」「暢」「彰」「唱」などがあります。

8. ③ 解説＝해설

①階＝계　②開＝개

③害＝해　④外＝외

Point 해と表記する漢字はその他に「該」「海」などが、계には「戒」「契」「系」「計」「界」「継」「季」「械」など、개には「概」「改」「個」「介」などがあります。

9. ② 間隔＝간격

①各＝각　②格＝격

③核＝핵　④確＝확

Point 격と表記する漢字はその他に「激」「撃」などが、각には「客」「覚」「刻」など、확には「拡」などがあります。

10. ④ 軽率＝경솔

①形＝형　②系＝계

③計＝계　④敬＝경

Point 경と表記する漢字はその他に「警」「景」「経」「境」「鏡」「競」などが、형には「蛍」「刑」「衡」「型」「兄」などがあります。

11. ① 信念＝신념

①身＝신　②侵＝침

STEP 3 合格徹底ドリル 解答 筆記

③寝=침　④親=친

Point 신と表記する漢字はその他に「神」「申」「新」「迅」「慎」「娠」などが、침には「沈」「針」などがあります。

12. ③　住宅=주택

①重=중　②就=취

③駐=주　④手=수

Point 주と表記する漢字はその他に「週」「主」「周」「注」「株」「躊」「酒」「宙」などが、중には「中」「衆」など、취には「取」「趣」など、수には「受」「首」「修」「睡」「需」「水」「収」「随」「遂」「数」「酬」「秀」「殊」「授」「輸」などがあります。

筆記⑧ 読解　P.138～

1.　よくストレスのせいでがんが発生すると思われています。ところが、がんとストレスはあまり関係がないという研究結果が出ました。アメリカのある雑誌は、がん患者たちはストレスのせいで自分ががんになったと思っているが、生きるのにストレスを感じない人はいないためがんの発生とストレスは関係ないとして、がんの発生とストレスの関係についての最近の研究を紹介しました。この研究結果には、ひどいストレスを抱えている人と、そうではない人とのがんの発生率に差はありませんでした。

【問1】 ②

①がん患者たちの治療方法　②ストレスとがんの発生との関係

③ストレスに関する雑誌紹介　④がんに関する最近の研究紹介

【問2】 ③

①人はがんになると、とてもストレスを感じる。

②ストレスを感じない人はがんにかからない。

③ストレスを感じる人も感じない人もがんの発生率に差はない。

④アメリカにはがんに関する研究を紹介する有名な専門雑誌がある。

2.　男：どこが悪いですか？

女：おととい海で遊んできたんですが、翌日目が充血していてかゆかったんです。今朝起きたら目が痛いです。

男：ちょっと見てみましょう。結膜炎ですね。治療を受ければすぐ直るでしょう。

薬局で薬をもらって飲んで、ゆっくり休んでください。

女：薬を飲む時に注意すべき食べ物などはありますか？

男：脂っこかったり刺激的な食べ物は避けるようにしてください。

【問 1】 ②

①目が痛い。　②頭痛がひどい。

③目が赤くなる。　④目がかゆい。

【問 2】 ②

①結膜炎になった時は、髪を洗ってはいけない。

②薬を飲んでゆっくり休んだらすぐ治る。

③辛い食べ物を食べても構わない。

④注射を打ってもらうと、より早く治る。

3．　母になって分かった。(A)そして、ある少年と家族を通じて悟った。(B)誰かのために自分が代わりに病を患えたらいいという言葉の本意が何なのか、またその言葉がどれだけ切実なものなのかを。(C)長男が手術を受けて入院している間、隣のベッドにいた白血病にかかった少年の家族を見ながら、多くのことを教わった。(D)少年の恐れと苦痛を共にしていたお父さん、お母さん、お姉さんたちのおかげで、その少年の病気は良くなり、結局退院もできた。愛は遠い所にあるのではなかった。いつも一緒にいた人たちの中にあった。遠い所にありそうで、とても近い所から、そうやって愛は春のように訪れる。

【問 1】 ①

Point 抜けている文：子どもが病を患うことがどれだけ耐え難い'罰'なのかを。

【問 2】 ③

①私が今や母になったので

②わが子が病気で病院にいたので

③少年の家族を通じて愛が分かったので

④私のそばにいつも人々が一緒にいたので

筆記⑨ 訳文 P.142～

1. ①

子どものことで胸を痛める親もたくさんいます。

Point 「胸を打つ」は**가슴을 치다**、「胸を突き刺す」は**가슴을 찌르다**、「胸を張る」は**가슴을 펴다**です。

2. ①

事件は引き続き相次いで起こった。

Point **꼬리가 길다**(悪事が長く続いている)、**꼬리를 감추다**(姿をくらます、隠れる)、**꼬리를 내리다**(尻尾を巻く、服従の意思を表明する)、**꼬리를 밟다**(後をつける、尾行する)、**꼬리를 밟히다/꼬리가 밟히다**(①悪事・素性などがばれる ②後をつけられる、尾行される)、**꼬리를 빼다** (逃げ出す)、**꼬리를 잇다**(互いに連なる、ひっきりなしに続く)、**꼬리를 잡다**(①尻尾をつかむ ②揚げ足を取る、弱点をつかむ)、**꼬리를 잡히다**(尻尾をつかまれる、弱点をつかまれる)などの表現も覚えましょう。

3. ②

キムチはとても手間がかかる食べ物です。

4. ①

今回の試験も駄目そうだ。

Point **날이 새다**(①夜が明ける ②手遅れになる)と一緒に、**날을 잡다/날을 받다**(①予定を決める ②日程を決める)、**날이면 날마다**(毎日、日に日に)などの表現も覚えましょう。

5. ②

見覚えのある人がいたので近くに行ってみたら、小学校の同級生でした。

6. ④

あなたが満足する人がどこにいるの？

Point **눈에 거슬리다/눈에 걸리다**(目障りだ)、**눈엣가시/눈에 든 가시**(目の上のこぶ、目の敵)、**눈에 불을 켜다**(①目の色を変える ②目をつり上げる)、**눈에 불이 나다**(激怒する、目から火が出る)、**눈에 흙이 들어가다**(①死ぬ ②<**눈에 흙이 들어가기 전에는**の形で>目の黒いうちは)、**눈에서 벗어나다**(①監視から逃れる ②認めてもらえない)などの表現も覚えましょう。

7. ①

奥さんがいるのに浮気をするなんて、

大胆な男だ。

Point **간이 떨어지다**(びっくりする、仰天する)、**간이 붓다/간이 크다**(肝が太い、度胸がある、太っ腹だ)、**간이 작다**(肝が小さい、大変臆病だ)などの表現も覚えましょう。また、**담이 크다、담이 작다**もそれぞれ**간이 크다、간이 작다**と同様の意味になります。

8. ④

気持ちとしては、今すぐにでも会社を辞めたいけど、我慢します。

Point **마음 먹기에 달리다**(気持ち次第だ)、**마음(속)에 간직하다**(胸に刻む、肝に銘ずる)、**마음에 두다**(念頭に置く)、**마음에 없는 소리를 하다**(心にもないことを言う)、**마음에 없다**(気が進まない、そのつもりがない)、**마음이 있다**(気がある)、**마음에 차다**(満足に思う)などの表現も覚えましょう。

9. ③

行きたい気持ちは山々ですが、時間がありません。

Point **마음을 붙이다**(①腰を据える ②面白みを覚える)、**마음을 비우다**(無心の境地になる)、**마음을 풀다**(気を緩める)、**마음이 돌아서다**(①心が変わる ②心を入れ替える)、**마음이 풀리다**(①胸のわだかまりが解ける ②気が緩む)などの表現も覚えましょう。

10. ①

話に出たついでだけど、今度の試合で誰が勝つんでしょうね?

Point **말이 그렇지**(そうは言っても)、**말이 나오다/말이 나다**(①話題になる ②<秘密が>世間に漏れる)、**말이 많다**(①おしゃべりだ、理屈っぽい ②世間で取り沙汰される)、**말이 새다**(秘密が漏れる)、**말(말씀)이 아니다**(話にならない、とてもひどい)、**말이 필요 없다**(言うまでもない)、**말이야 쉽다**(言うは易し)、**말할 수 없이**(言葉で表せないほど非常に)、**말해 봐야 입만 아프다**(言うだけ無駄だ)などの表現も覚えましょう。

11. ④

うそを言ってまで人の悪口を言ってはいけません。

12. ②

うちの子は本当に手に負えません。

Point **못 봐주다**(目に余る、目も当てられない)、**못하는 말이(소리가) 없다**(言いたい放題だ、好き勝手に言う)、**못할 말을 하다**(ひどいことを言う)、**못할 짓을 하다**(ひどいことをする)などの表現も覚えましょ

う。

13. ③

話が下手ならまだましだ。

Point **미우나 고우나**(いやでも応でも)などの表現も覚えましょう。

14. ①

君を見ているだけではらわたが煮えくり返る。

15. ①

そのような型通りな話は聞きたくないです。

Point **틀에 갇히다**(型にはまる)、**틀에 맞추다**(型にはめる)、**틀을 잡다**(①骨組みを整える、枠組みを整える ②身に付ける)、**틀이 잡히다**(枠組みが整う、身に付く)などの表現も覚えましょう。

16. ①

①傷つけることばかり言う

②胸に納めることばかり言う

③胸に火がつくことばかり言う

④胸を打つことばかり言う

Point 問題文の韓国語訳は、**남동생은 항상 가슴에 못을 박는 소리만 한다**です。**가슴에 묻다**(胸にしまっておく、心にしまい込む)、**가슴에 박히다**(心の中に刻み込まれる)、**가슴에 새기다**(胸に刻む)、**가슴(마음)에 와닿다**(胸に響く)、**가슴에 품다**(胸に抱く)などの表現も覚えましょう。

17. ③

①手が小さくて

②無礼な目に遭って

③気前がいいので

④手が古くて

Point 問題文の韓国語訳は、**나는 손이 커서 음식을 하면 항상 남아요**です。**손이 나가다**(手が出る、殴る)、**손이 부족하다**(手が足りない、人手が不足している)などの表現も覚えましょう。

18. ②

①うそ泣きをして

②涙をこらえて

③目頭を熱くさせて

④目頭が熱くなって

Point 問題文の韓国語訳は、**눈물을 삼키며 친구와 헤어졌어요**です。**눈물을 짜다**(①むやみにしくしく泣く ②うそ泣きをする)、**눈시울을 적시다**(涙を浮かべる)、**눈시울이 뜨거워지다**(目頭が熱くなる、感動する)などの表現も覚えましょう。

19. ①

①目障りな　②見覚えがある

③気に入る　④目の前に置く

Point 問題文の韓国語訳は、눈에 거슬리는 행동을 하지 마세요です。

20. ①

①夏バテをしたようです

②夏が来たようです

③寒がるようです

④(正しくない表現)

Point 問題文の韓国語訳は、하루종일 밖에서 일했더니 더위를 먹은 것 같아요です。

21. ②

①ひどい目に遭いました

②うずうずしています

③体を大切にしました

④命をささげました

Point 問題文の韓国語訳は、요즘 여행을 못 가서 몸살이 났어요です。

22. ①

①長生きしていたら

②長生きしているので

③生きていると

④生きている間

Point 問題文の韓国語訳は、살다 살다 이런 경우는 처음이다です。살다가 별일을 다 보다(とんでもないことだ、どうかしている)という表現も覚えましょう。

23. ④

①話し掛けると必ず

②遠回しに言えば

③話を聞けば

④口を開きさえすれば

Point 問題文の韓国語訳は、말끝마다 일 얘기만 해요です。말 같지 않은 소리(①つまらないこと ②とんでもないこと)、말도 말아라(何も言うな、散々だったよ)、말만 앞세우다/앞서다(口先ばかりだ、言い訳ばかり言う)、말만 잘하면(うまく話をつけられれば)、말을 떼다(口を開く、話し始める)、말을 안 해서 그렇지(言わないからああなだけで)、말을 트다(①ため口を利く ②初めて口を利く)などの表現も覚えましょう。

24. ③

①大騒ぎした

②ある程度ならまだしも

③今に見ていろ

④いつになったら

Point 問題文の韓国語訳は、어디 두고 보자. 내가 꼭 성공해 보이겠다です。

25. ①

①なかなか会えないけど

STEP 3 合格徹底ドリル 解答 筆記

②(正しくない表現)
③いつも会えないけど
④そんなに会わないけど
Point 問題文の韓国語訳は、**요즘 얼굴 보기 힘든데 무슨 일 있어요?**です。**얼굴을 내밀다**(顔を出す、顔を見せる)、**얼굴을 보다**(①顔を合わせる ②顔を立てる、メンツを立てる)、**얼굴을 살리다**(顔を立てる)、**얼굴이 피다**(①<年頃になって>色気づく ②あか抜ける)などの表現も覚えましょう。

26. ①
①負けず嫌いな
②負けては泣く
③負けては怒る
④負けてはおごる
Point 問題文の韓国語訳は、**지고는 못 사는 성격이에요**です。

27. ①
①運命を共にしています
②同じ家に住んでいます
③良い家に住んでいます
④良い船に乗っています
Point 問題文の韓国語訳は、**우리는 이제 한 배를 탔어요**です。**한**を用いる表現として**한 귀로 듣고 한 귀로 흘리다**(聞き流す、聞いても知らん顔をする)、**한 눈을 팔다/눈을 팔다**(よそ見をする、わき見をする)、**한 몸이 되다**(一体となる、一致団結して行動する)などの表現も覚えましょう。

28. ④
①あっけにとられました
②羽を伸ばしました
③意気揚々となりました
④気分がめいっています
Point 問題文の韓国語訳は、**시험 점수 때문에 기가 죽었어요**です。

29. ④
①(正しくない表現)
②舌が長いので
③舌が痛いので
④舌足らずなので
Point 問題文の韓国語訳は、**혀가 짧아서 말하는 거 안 좋아해요**です。**혀가 안 돌아가다/굳다**(<驚きや緊張などで>舌がよく回らない、舌がもつれる、舌足らずになる)、**혀를 깨물다**(歯を食いしばって我慢する)、**혀를 차다**(舌打ちする、舌を鳴らす)などの表現も覚えましょう。

STEP 4

総仕上げ点検！

模擬試験 1

聞き取り　20問／30分
筆　　記　40問／60分

聞き取り問題はCDトラックNo.065〜090を聞いて答えてください。
空欄はメモをする場合にお使いください。

聞き取り問題

065-066

1 短い文と選択肢を２回ずつ読みます。文の内容に合うものを①～④の中から１つ選んでください。解答はマークシートの１番～４番にマークしてください。 ＜２点×４問＞

067

１）＿＿＿＿＿＿＿＿＿＿＿＿＿＿＿＿＿＿＿＿ 1

①＿＿＿＿＿＿＿＿ ②＿＿＿＿＿＿＿＿

③＿＿＿＿＿＿＿＿ ④＿＿＿＿＿＿＿＿

068

２）＿＿＿＿＿＿＿＿＿＿＿＿＿＿＿＿＿＿＿＿ 2

①＿＿＿＿＿＿＿＿ ②＿＿＿＿＿＿＿＿

③＿＿＿＿＿＿＿＿ ④＿＿＿＿＿＿＿＿

069

３）＿＿＿＿＿＿＿＿＿＿＿＿＿＿＿＿＿＿＿＿ 3

①＿＿＿＿＿＿＿＿ ②＿＿＿＿＿＿＿＿

③＿＿＿＿＿＿＿＿ ④＿＿＿＿＿＿＿＿

070

4）＿＿＿＿＿＿＿＿＿＿＿＿＿＿＿＿＿＿＿＿ 4

①＿＿＿＿＿＿＿＿ ②＿＿＿＿＿＿＿＿

③＿＿＿＿＿＿＿＿ ④＿＿＿＿＿＿＿＿

071

2 対話文を聞いて、その内容と一致するものを①～④の中から１つ選んでください。問題は全部で４つです。問題文は２回読みます。解答はマークシートの５番～８番にマークしてください。

＜２点×４問＞

072

1） 5

남:＿＿＿＿＿＿＿＿＿＿＿＿＿＿＿＿＿＿＿＿

여:＿＿＿＿＿＿＿＿＿＿＿＿＿＿＿＿＿＿＿＿

①체력이 떨어졌을 때는 잘 먹어야 한다.

②여자는 요즘 체력이 많이 떨어졌다.

③남자는 뭔가 운동을 시작하려고 한다.

④여자와 남자는 같이 운동을 시작했다.

073

2) 6

남: ______

여: ______

①조금 전에 교통사고가 났다.
②여자는 지하철을 타고 있다.
③남자가 탄 택시가 버스랑 부딪혔다.
④여자는 회사에 지각할 것이다.

074

3) 7

여: ______

남: ______

①여자는 술을 못 마신다.
②남자는 술을 끊고 싶어 한다.
③여자는 친구와 술을 마셨다.
④술은 건강에 해롭다.

075

4) 8

남: ______

여: ______

①남자는 어제 운동화를 신었다.

②여자는 어제 많이 걸을 줄 몰랐다.

③여자는 어제 케이블카를 탔다.

④남자는 서울 타워에 다녀왔다.

076

3 短い文を２回読みます。引き続き４つの選択肢も２回ずつ読みます。応答文として適切なものを①～④の中から１つ選んでください。解答はマークシートの９番～12番にマークしてください。

＜２点×４問＞

077

1）남:＿＿＿＿＿＿＿＿＿＿＿＿＿＿＿＿＿＿＿＿

여:（　　 9 　　）.

①＿＿＿＿＿＿＿＿＿＿＿＿＿＿＿＿＿＿＿＿

②＿＿＿＿＿＿＿＿＿＿＿＿＿＿＿＿＿＿＿＿

③＿＿＿＿＿＿＿＿＿＿＿＿＿＿＿＿＿＿＿＿

④＿＿＿＿＿＿＿＿＿＿＿＿＿＿＿＿＿＿＿＿

078

2）남:＿＿＿＿＿＿＿＿＿＿＿＿＿＿＿＿＿＿＿＿

여:（　　 10 　　）.

①

②

③

④

079

3） 남:

여:(11).

①

②

③

④

080

4） 남:

여:(12)

①

②

③

④

081

4 文章もしくは対話文を聞いて、問いに答える問題です。問題は全部で４つです。問題文は２回読みます。解答はマークシートの13番～16番にマークしてください。 <２点×４問>

082

１）文章を聞いて、アナウンスの内容と一致するものを①～④の中から１つ選んでください。 13

①내일 다섯 시간 동안 전기 공사가 있을 예정이다.

②모레 수도 공사 때문에 물을 쓸 수 없다.

③내일 오후에 전기가 들어오지 않을 것이다.

④전기 회사에서 하는 안내 방송이다.

083

2） 文章を聞いて、登場人物について一致するものを①～④の中から1つ選んでください。 14

①영국에서 태어나 애플이란 회사를 세웠다.
②애플이란 회사에서 일하고 있다.
③아이폰, 아이패드 등을 새롭게 만들었다.
④세계 최초로 휴대 전화를 개발했다.

084

3） 対話文を聞いて、その内容と一致するものを①～④の中から1つ選んでください。 15

남:

여:

남:＿＿＿＿＿＿＿＿＿＿＿＿＿＿＿＿＿＿＿＿

여:＿＿＿＿＿＿＿＿＿＿＿＿＿＿＿＿＿＿＿＿

①지훈은 지금 퇴근 중이다.

②지훈은 오늘 거래처에 갔다.

③부장님이 지훈한테 퇴근하라고 했다.

④지훈은 기획부에서 대리로 일한다.

085

4）対話文を聞いて、その内容と一致するものを①～④の中から１つ選んでください。 16

여:＿＿＿＿＿＿＿＿＿＿＿＿＿＿＿＿＿＿＿＿

남:＿＿＿＿＿＿＿＿＿＿＿＿＿＿＿＿＿＿＿＿

여:＿＿＿＿＿＿＿＿＿＿＿＿＿＿＿＿＿＿＿＿

남:＿＿＿＿＿＿＿＿＿＿＿＿＿＿＿＿＿＿＿＿

①여자는 경찰서에 도난 신고를 했다.

②경찰은 내일 피해 상황을 확인하러 갈 것이다.

③여자는 현금이랑 컴퓨터를 잃어버렸다.

④여자가 집에 오니까 창문이 열려 있었다.

086

5

文章もしくは対話文を聞いて、問いに答える問題です。問題は全部で４つです。問題文と選択肢をそれぞれ２回ずつ読みます。解答はマークシートの17番～20番にマークしてください。<２点×４問>

087

１）次の文章は何を説明したものなのか、適切なものを①～④の中から１つ選んでください。 17

①＿＿＿＿＿＿＿＿ ②＿＿＿＿＿＿＿＿

③＿＿＿＿＿＿＿＿ ④＿＿＿＿＿＿＿＿

088

２）文章を聞いて、その内容と一致するものを①～④の中から１つ選んでください。 18

①

②

③

④

089

3） 次の対話はどこで行われているのか、適切なものを①～④の中から１つ選んでください。 19

남:

여:

남:

여:

① ②

③ ④

090

4） 対話文を聞いて、その内容と一致するものを①～④の中から１つ選んでください。 20

남:＿＿＿＿＿＿＿＿＿＿＿＿＿＿＿＿＿＿＿＿

여:＿＿＿＿＿＿＿＿＿＿＿＿＿＿＿＿＿＿＿＿

남:＿＿＿＿＿＿＿＿＿＿＿＿＿＿＿＿＿＿＿＿

여:＿＿＿＿＿＿＿＿＿＿＿＿＿＿＿＿＿＿＿＿

①＿＿＿＿＿＿＿＿＿＿＿＿＿＿＿＿＿＿＿＿

②＿＿＿＿＿＿＿＿＿＿＿＿＿＿＿＿＿＿＿＿

③＿＿＿＿＿＿＿＿＿＿＿＿＿＿＿＿＿＿＿＿

④＿＿＿＿＿＿＿＿＿＿＿＿＿＿＿＿＿＿＿＿

筆記問題

1

下線部を発音どおり表記したものを①～④の中から1つ選びなさい。
(マークシートの1番～2番を使いなさい)　　　　＜2点×2問＞

1) 별일도 아닌데 왜 화를 내는 거예요?　[1]

①[별닐도]　②[벼릴도]　③[별린도]　④[별릴도]

2) 감기 몸살이 나서 아침에 못 일어났어요.　[2]

①[모시러나써요]　②[모니러나써요]
③[몬니러나써요]　④[몬닐러나써요]

2

(　　　　)の中に入れるのに最も適切なものを①～④の中から1つ選びなさい。
(マークシートの3番～8番を使いなさい)　　　　＜1点×6問＞

1) 69.5점인데 ([3])하면 70점이니까 합격입니다.

①곱빼기　②카운터　③반올림　④통계

2) 헤어진 친구들과 다시 만날 날만을 ([4]) 기다리고 있어요.

①합해　②타올라　③달라붙어　④손꼽아

3）번거로운 일들이 다 끝나고 나니（ 5 ）마음이 편해요.

①곧장　②능히　③속속　④한결

4）A：정말 오랜만이에요. 잘 지내셨어요?
B：미나 씨는（ 6 ）. 비결이 뭐예요?
A：비결은 무슨. 수민 씨야말로 전혀 안 변하셨네요.

①물불을 가리지 않네요　②나이를 거꾸로 먹네요
③바람을 피우네요　④발등에 불이 떨어졌네요

5）A：작년에 친한 친구한테 사기를 당했어요.
B：사기요? 게다가 친구한테라니 정말 놀라셨겠네요.
A：네, 사기를 당했을 때는 정말（ 7 ）.

①눈앞이 캄캄했어요　②배가 등에 붙었어요
③불행 중 다행이었어요　④붓을 놓았어요

6）A：선생님 늦어서 정말 죄송합니다.
B：너는（ 8 ）살면서 왜 매일 지각을 하는 거야?

①엎어지면 코 닿을 데　②꿩 대신 닭
③하늘의 별 따기　④누워서 떡 먹기

3 (　　　)の中に入れるのに適切なものを①～④の中から1つ選びなさい。

(マークシートの9番～14番を使いなさい)　　　<1点×6問>

1) 지금 나(9) 이걸 믿으라는 거야?

①로부터　②한테로　③보고　④만큼

2) 무슨 말 하는지 모르겠으니까 (10) 제대로 설명해 보세요.

①알아듣거든　②알아듣길래
③알아듣게끔　④알아듣고서야

3) 오늘 학교에 지각을 해서 선생님한테 (11).

①혼나게 생겼다　②혼나게 만들었다
③혼나기야 했다　④혼난 것도 같다

4) 우리 과장님은 일만 (12) 취미 하나 없는 사람이다.

①잘하는데도　②잘하더니　③잘하지　④잘하던데

5) 엄마가 (13) 엄마의 마음을 알겠다.

①되려면은　②되어서야　③되려니까　④됐더라면

STEP 4 模擬試験1 筆記

6）A：아이가 정말 예의 바르고 착한 것 같아요.
B：그러게요. 역시 아이는 부모님이 가정에서（ 14 ）것 같아요.

①교육하기야 한　②교육하려는 참인
③교육하기 나름인　④교육하기만 한

4 次の文の意味を変えずに、下線部の言葉と置き換えが可能なものを①～④の中から１つ選びなさい。
(マークシートの15～19番を使いなさい)　<１点×５問>

1）<u>낯가죽이 두꺼워서</u> 창피한 줄도 몰라요.　15

①경솔해서　②냉정해서　③당당해서　④뻔뻔해서

2）피곤해서 그런데 <u>눈 좀 붙이고</u> 올게요.　16

①모두 갖추고　②잠깐 자고
③머리를 식히고　④계속 버티고

3）<u>겁먹지 말고</u> 여기를 보세요.　17

①거슬리지 말고　②덤비지 말고
③망치지 말고　④무서워하지 말고

4) A:우리 같이 뭔가 사업이나 시작해 볼까요?
B:지금은 때가 아니니까 조금 더 기다려 봅시다. 18

①과대망상이니까 ②호시탐탐이니까
③진수성찬이니까 ④시기상조니까

5) A:내 동생보다는 내가 공부도 잘하고 운동도 잘해.
B:너나 네 동생이나 성적도 운동 실력도 거의 비슷하거든.
19

①다 된 죽에 코 풀기거든 ②소 귀에 경 읽기거든
③도토리 키 재기거든 ④천리 길도 한 걸음부터거든

5 全ての(　　)の中に入れることができるもの(用言は適当な活用形に変えてよい)を①～④の中から1つ選びなさい。
(マークシートの20番～22番を使いなさい) ＜2点×3問＞

1) ・범인이 (　　)를/을 멈추고는 뒤를 돌아보았다.
・아버지하고 같이 외출하면 (　　)가/이 빨라서 힘들어요.
・자주 오더니 요새는 왠지 (　　)가/이 뜸하네요. 20

①거미 ②걸음 ③굴뚝 ④마련

2) ・한국어로 문자를 보내면 자꾸 문자가 (　　).
・이번 대회의 신기록으로 지금까지의 기록이 (　　).
・그 사람 때문에 분위기가 (　　) 한 명씩 집에 가기 시작했다. 21

①가라앉다　②끓기다　③닥치다　④깨지다

3）・돼지고기는 잘（　　　）먹어야 돼요.
・김치를（　　　）김치찌개를 끓여 먹으면 정말 맛있어요.
・빨리 한국어 회화를（　　　）한국 사람들하고 얘기해 보고 싶어요. 22

①담그다　②익히다　③데우다　④삶다

6 対話文を完成させるのに最も適切なものを①～④の中から１つ選びなさい。
(マークシートの23番～25番を使いなさい)　＜２点×３問＞

1）A：횡단보도까지 가려면 머니까 그냥 여기서 길을 건너자.
B：（ 23 ）
A：그렇긴 한데 밤이고 자동차도 별로 없으니까 문제없을 것 같아서.

①구름다리로 건너면 안 될까?
②저기 길목에서 친구가 기다리고 있거든.
③내리막길은 오르막길보다는 걷기 편해.
④나보고는 법을 어기지 말자며?

2）A：어제 아침에 버스를 잘못 타서 회사에 지각했어요.
B：（ 24 ）.
A：그래도 3년이나 다닌 회사인데 버스를 잘못 타다니 좀 한

심해요.

①사람이라면 누구나 실수하기 마련이에요
②버스 노선을 잘 확인하세요
③대합실에서 사람들에게 물어보세요
④만원 버스에서 정말 힘들었겠네요

3) A：말하기 힘들었을 텐데 솔직하게 얘기해 줘서 고마워요.
B：(25).
A：맞아요. 우리 사이에는 비밀 같은 거 만들지 말아요.

①아니에요. 그럼 제가 꼭 병문안 갈게요
②잘 생각해 보면 뭔가 방도가 있을 거예요
③모두 털어놓고 나니까 속이 시원해요
④여러 가지로 배려해 주신 덕분이에요

7

下線部の漢字と同じハングルで表記されるものを①～④の中から１つ選びなさい。

(マークシートの26番～28番を使いなさい)　　＜１点×３問＞

1) 読解　　26

①特　②独　③徳　④得

2）所属 　27

①署　②初　③紹　④招

3）普及 　28

①保　②豊　③夫　④貿

8 文章を読んで【問１】～【問２】に答えなさい。
(マークシートの29番～30番を使いなさい)　<２点×２問>

스트레스와 환경 오염이 심해짐에 따라 머리카락이 빠져서 고민하고 있는 사람들이 많아지고 있습니다. 대개 머리카락은 하루 40-50개 정도 빠지는데, 80-100개 정도가 빠진다면 조금 심각성을 느낄 필요가 있습니다. 평소 모발 건강에 효과적인 식품을 꾸준히 먹다 보면 얼마든지 탈모를 예방할 수 있습니다. 계란, 검은콩 등이 탈모를 예방할 수 있는 식품입니다. 머리가 더 빠질까 봐 머리 감기를 망설이면 안 되고 머리를 감아 깨끗한 두피를 유지하도록 합니다. 끝으로, 하루에 5분씩 세 번 정도 두피 마사지를 해 주면 효과적입니다.

*)모발：毛髪、탈모：脱毛、두피：頭皮

【問１】本文のタイトルとして最も適切なものを①～④の中から１つ選びなさい。 　29

①스트레스와 환경 오염의 심각성
②모발 관리와 건강 유지법
③탈모 현상과 예방법
④건강 개선에 효과적인 식품

【問２】本文の内容と一致するものを①～④の中から１つ選びなさい。

30

①환경 오염이 심해지면 스트레스도 많이 쌓인다.
②머리카락이 많이 빠질 때는 자주 머리를 감으면 안 된다.
③효과적인 음식 등으로 탈모를 예방할 수도 있다.
④탈모는 주로 남자들이 많이 하는 고민이다.

9

対話文を読んで【問１】～【問２】に答えなさい。
(マークシートの31番～32番を使いなさい)　　＜２点×２問＞

여：어제 핸드폰을 떨어뜨렸는데 안 돼요.
남：어디 좀 봅시다. 이거 고치는 데 시간이 좀 걸리겠는데요. 배터리는 괜찮은데, 핸드폰 안의 부품을 몇 개 교체해야 해요.
여：수리비는 얼마나 들어요?
남：잠시만요. 6만 원이에요. 어떻게 하실래요?
여：좀 비싸네요. 31 그래도 할 수 없죠. 고쳐 주세요.
남：알겠습니다. 그럼 고쳐 놓을 테니까 이번 주 토요일쯤에 오세요.

*)부품：部品

【問１】31그래도 할 수 없죠.の代わりに言えるものを①～④の中から選びなさい。 31

①그래서 비쌀 수밖에 없지요.
②그렇지만 다른 방법이 없을 것 같아요.
③하지만 부품을 교체할 수는 없어요.
④역시 시간이 좀 걸릴 것 같아요.

【問２】対話文の内容から分かることを①～④の中から１つ選びなさい。

32

①이번 주 주중에는 핸드폰을 쓸 수 없다.
②핸드폰 부품은 공장에도 없다.
③6만 원으로 수리비가 부족할지도 모른다.
④새로운 휴대폰을 살 예정이다.

10 文章を読んで【問１】～【問２】に答えなさい。
(マークシートの33番～34番を使いなさい) ＜２点×２問＞

결혼을 한 후 예쁜 두 딸이 태어났다. (A)아이들에게 무엇을 해 줄 수 있을까 고민하다가 직장 동료 아이들이 떠올랐다. (B)“우린 아이들에게 고향을 만들어 주자.”고 약속했다. (C)약속대로 우린 같은 집에서 30년 정도를 살고 있다. (D)그간 사이좋게 지내던 이웃들은 하나둘 이사해 이제는 34낯선 얼굴이 더 많이 보인다. 옆집도 1년 전에 새로 이사 온 사람들이다. 지난달 골목 끝에 있는 세 집들도 주인이 바뀌었다. 아직 많은 얘기를 나누지는 못했지만 사이좋게 지내고 싶다.

【問1】本文では「이사를 자주 다니는 바람에 아이들이 친구를 많이 사귀지 못했다고 했다.」という文が抜けています。この文が入る位置として、最も適切なものを①～④の中から1つ選びなさい。

33

①(A)　②(B)　③(C)　④(D)

【問2】34낯선 얼굴이 더 많이 보인다と言った理由を①～④の中から1つ選びなさい。

34

①결혼하고 딸이 태어나서
②이웃과 많은 얘기를 못 나눠 봐서
③같은 집에서 30년이나 살아서
④사이좋은 이웃들이 다른 곳으로 이사를 가서

11

下線部の日本語訳として適切なものを①～④の中から1つ選びなさい。
(マークシートの35番～37番を使いなさい)　＜2点×3問＞

1) 배울 만큼 배운 사람이 어떻게 그런 말을 할 수 있어요?

35

①学のない　②学のある
③学ぶことに興味のある　④学ぶのが好きな

2) 어리다고 쉽게 보지 마세요.

36

①かわいく見ないでください　②甘く見ないでください
③厳しくしないでください　④優しくしないでください

3）아무리 연락해도 연락이 안 돼서 애가 타요. 37

①はらわたが煮えくり返ります　②気が気ではありません
③会いたいです　④腹が立ちます

12 下線部の訳として適切なものを①～④の中から１つ選びなさい。
(マークシートの38番～40番を使いなさい)　＜２点×３問＞

1）うちの子は人の話を信じやすくて大変です。 38

①귀가 멀어서　②눈이 멀어서
③귀가 얇아서　④눈이 높아서

2）うちの社長はいつも金を湯水のように使います。 39

①돈을 술 마시듯 해요　②돈을 물 쓰듯 해요
③돈을 밥 하듯 해요　④돈을 약 먹듯 해요

3）君には言うだけ無駄だ。 40

①말해 봐야 입만 아플 뿐이야
②말이 아닐 뿐이야
③말이 샐 뿐이야
④말이 필요 없을 뿐이다

STEP 4

総仕上げ点検！

模擬試験 2

聞き取り 20問／30分
筆　　記 40問／60分

聞き取り問題はCDトラックNo.091～116を聞いて答えてください。
空欄はメモをする場合にお使いください。

聞き取り問題

091-092

1 短い文と選択肢を２回ずつ読みます。文の内容に合うものを①～④の中から１つ選んでください。解答はマークシートの１番～４番にマークしてください。 <２点×４問>

093

１）＿＿＿＿＿＿＿＿＿＿＿＿＿＿ [1]

①＿＿＿＿＿＿ ②＿＿＿＿＿＿

③＿＿＿＿＿＿ ④＿＿＿＿＿＿

094

２）＿＿＿＿＿＿＿＿＿＿＿＿＿＿ [2]

①＿＿＿＿＿＿ ②＿＿＿＿＿＿

③＿＿＿＿＿＿ ④＿＿＿＿＿＿

095

３）＿＿＿＿＿＿＿＿＿＿＿＿＿＿ [3]

①＿＿＿＿＿＿ ②＿＿＿＿＿＿

③＿＿＿＿＿＿ ④＿＿＿＿＿＿

096

4）＿＿＿＿＿＿＿＿＿＿＿＿＿＿＿＿＿＿＿＿ [4]

①＿＿＿＿＿＿＿＿ ②＿＿＿＿＿＿＿＿

③＿＿＿＿＿＿＿＿ ④＿＿＿＿＿＿＿＿

097

2 対話文を聞いて、その内容と一致するものを①～④の中から１つ選んでください。問題は全部で４つです。問題文は２回読みます。解答はマークシートの５番～８番にマークしてください。

＜２点×４問＞

098

1） [5]

남:＿＿＿＿＿＿＿＿＿＿＿＿＿＿＿＿＿＿

여:＿＿＿＿＿＿＿＿＿＿＿＿＿＿＿＿＿＿

①여자는 자전거를 가지고 있다.

②남자는 내일부터 자전거로 회사에 갈 것이다.

③남자는 건강을 위해 운동을 시작했다.

④여자는 자가용으로 출근하고 싶어 한다.

STEP 4 模擬試験2 聞き取り

099

2) 6

남 : ____________________

여 : ____________________

①남자는 학생 때 교복을 입었다.

②여자는 바지보다 치마를 좋아한다.

③남자는 여자의 옷차림이 마음에 들지 않는다.

④여자는 교복 치마를 입고 싶지 않다.

100

3) 7

여 : ____________________

남 : ____________________

①남자는 과음을 했다.

②여자는 음주 운전을 하려고 한다.

③여자는 술 때문에 컨디션이 안 좋다.

④남자는 차에서 내리고 싶어 한다.

101

4) 8

여 : ____________________

남 : ____________________

①부인은 뉴스에서 비가 온다고 들었다.

②남편은 우산을 준비해 간다.

③오늘 오전에는 비가 올 것이다.

④비가 오면 부인이 역까지 나갈 것이다.

102

3 短い文を２回読みます。引き続き４つの選択肢も２回ずつ読みます。応答文として適切なものを①～④の中から１つ選んでください。解答はマークシートの９番～12番にマークしてください。

＜２点×４問＞

103

１）남:＿＿＿＿＿＿＿＿

여:（ 9 ）.

①＿＿＿＿＿＿＿＿

②＿＿＿＿＿＿＿＿

③＿＿＿＿＿＿＿＿

④＿＿＿＿＿＿＿＿

104

２）여:＿＿＿＿＿＿＿＿

남:（ 10 ）.

①

②

③

④

105

3) 남: ____________________

여: (11).

①

②

③

④

106

4) 남: ____________________

여: (12).

①

②

③

④

107

4 文章もしくは対話文を聞いて、問いに答える問題です。問題は全部で４つです。問題文は２回読みます。解答はマークシートの13番～16番にマークしてください。 ＜２点×４問＞

108

1）文章を聞いて、韓国人の名前について内容と一致するものを①～④の中から１つ選んでください。 13

①이름은 반드시 부모가 지어 준다.

②좁은 의미의 이름은 성을 제외한 이름만을 의미한다.

③성과 이름을 합쳐 보통 네 글자로 되어 있다.

④아버지로부터 받은 성이 뒤로 간다.

◎109

2） 文章を聞いて、女性の特徴について一致するものを①～④の中から１つ選んでください。 14

①날씨에 따라 기분이 변하지 않는다.
②추운 겨울에 여성 호르몬이 많이 나온다.
③따뜻한 봄이 되면 추위를 많이 탄다.
④남성보다 날씨 등에 영향을 받기 쉽다.

◎110

3） 対話文を聞いて、その内容と一致するものを①～④の中から１つ選んでください。 15

남：

여：

남 : ______________________________

여 : ______________________________

①여자는 옆집에 사는 사람이다.
②여자는 오늘 변기 청소를 할 예정이다.
③남자 집에 있는 변기가 고장 났다.
④남자는 오늘 가게에 연락해서 변기를 고칠 예정이다.

111

4）対話文を聞いて、706号室について一致するものを①〜④の中から１つ選んでください。 16

여 : ______________________________

남 : ______________________________

여 : ______________________________

남 : ______________________________

①남편이 시끄러운 사람이다.
②부인이 시끄러워서 잠을 못 자고 있다.
③윗층 아이들이 시끄럽게 뛰어다닌다.
④아이 아버지는 시끄러워서 706호에 갔다.

112

5

文章もしくは対話文を聞いて、問いに答える問題です。問題は全部で４つです。問題文と選択肢をそれぞれ２回ずつ読みます。解答はマークシートの17番～20番にマークしてください。<２点×４問>

113

１）次の文章は何を説明したものなのか、適切なものを①～④の中から１つ選んでください。 17

____

____

____

①__________ ②__________

③__________ ④__________

114

２）文章を聞いて、その内容と一致するものを①～④の中から１つ選んでください。 18

____

____

____

①

②

③

④

115

3）次の対話はどこで行われているのか、適切なものを①～④の中から１つ選んでください。 19

남:

여:

남:

여:

① ②

③ ④

116

4）対話文を聞いて、その内容と一致するものを①～④の中から１つ選んでください。 20

여：______________________________

남：______________________________

여：______________________________

남：______________________________

①______________________________

②______________________________

③______________________________

④______________________________

筆記問題

1

下線部を発音どおり表記したものを①～④の中から1つ選びなさい。
(マークシートの1番～2番を使いなさい)　　　＜2点×2問＞

1）영어로 쓰여 있는 책은 못 읽겠어요.　[1]

①[모식께써요]　②[모실께써요]
③[몬닉께써요]　④[몬닐께써요]

2）오늘은 할일이 많아서 회사 회식에도 참가 못 했어요.　[2]

①[할리리]　②[할니리]　③[하리리]　④[하리니]

2

(　　　)の中に入れるのに最も適切なものを①～④の中から1つ選びなさい。
(マークシートの3番～8番を使いなさい)　　　＜1点×6問＞

1）수업 시간에 옆 친구하고 떠들다가 선생님한테 ([3])를/을 들었다.

①꾸지람　②힌트　③회답　④노하우

2） 점수를 (4) 보니 생각보다 성적이 나빠서 실망했다.

①매겨　②들켜　③매여　④베껴

3） 준비해 둔 야채와 양념을 (5) 잘 무쳐 주세요.

①슬쩍　②벌떡　③골고루　④미처

4） A：유학 간다고 들었는데 언제 가요?
B：실은 부모님이 반대하셔서 결국 (6).

①세상을 얻었어요　②생각을 접었어요
③속이 풀렸어요　④손가락을 걸었어요

5） A：어제 학교에 가서 아이 선생님을 만나고 왔어요.
B：그래요? 선생님이 뭐라고 하세요?
A：(7) 아이 칭찬을 해 주셔서 너무 기뻤어요.

①죽었다 깨나도　②입에 침이 마르도록
③쥐도 새도 모르게　④코가 비뚤어지게

6） A：우리 동호회에 들어오면 공부도 할 수 있고 친구도 많이 사귈 수 있어.
B：공부에 친구까지 정말 (8)(이)네요.

①가는 날이 장날　　②꿩 먹고 알 먹기
③고양이 앞에 쥐　　④물 위의 기름

3 (　　　)の中に入れるのに適切なものを①～④の中から１つ選びなさい。
(マークシートの９番～14番を使いなさい)　　<１点×６問>

1) 한국 사람(9) 이 배우를 모르는 사람은 없다.

①치고　②이야　③마저　④보고

2) 회사 앞에서 한 시간이나 (10) 겨우 만날 수 있었어요.

①기다리고서야　②기다리는데도
③기다리다니　④기다린다든가

3) 다른 사람도 아니고 네 부탁인데 (11) 어서 얘기해 봐.

①들어 주는걸.　②들어 주고말고.
③들어 주는구나.　④들어 준다며?

4) 이번 시험은 발표를 (12) 합격일 거야.

①보는 식으로　②보다 못해
③보는 참에　④보나 마나

STEP 4 模擬試験2 筆記

5) A：그 배우 티비보다 실물이 더 (13).

B：티비에서도 멋있는데 실물은 더 근사하다고? 나도 실물 한 번 보고 싶다.

①근사한 법이야　②근사한 줄 알았다
③근사한 셈이야　④근사한 거 있지

6) A：그 영화 되게 재밌다며? 너 어땠어?

B：그 영화가 재밌다고? (14) 너무 지루해서 중간에 졸았어.

①재미있기는커녕　②재밌기만 해도
③재밌기만 하면　④재밌는가 하면

4

次の文の意味を変えずに、下線部の言葉と置き換えが可能なものを①～④の中から１つ選びなさい。

(マークシートの15～19番を使いなさい)　＜1点×5問＞

1) 친구는 식당에서 밥만으로는 성에 차지 않는지 술도 시켰어요.

15

①끝장을 못 봤는지　②만족 못 했는지
③난리가 났는지　④끈기가 없었는지

2) 그 사람하고 만날 줄 알았는데 좋다 말았네.　16

①꺼렸네　②드나들었네　③실망했네　④미끄러졌네

3) 아침부터 가족들에게 <u>성질을 냈더니</u> 기분이 좋지 않아요.

17

①뛰어들었더니　②매달렸더니
③화냈더니　④얻어맞았더니

4) <u>모르긴 몰라도</u> 이번 시험은 쉽지 않을 거예요.　18

①십중팔구　②속수무책　③대동소이　④비몽사몽

5) A:그렇게 공부를 안 하더니 결국 시험에 떨어졌구나. 내가 그럴 줄 알았어.
B:안 그래도 속상한데 지금 <u>더 열 받게 하는</u> 거야?　19

①고양이 세수 하듯 하는
②불난 집에 부채질하는
③배보다 배꼽이 더 크다고 하는
④등잔 밑이 어둡다고 하는

STEP 4 模擬試験❷ 筆記

5 全ての(　　)の中に入れることができるもの(用言は適当な活用形に変えてよい)を①~④の中から1つ選びなさい。
(マークシートの20番~22番を使いなさい)　<2点×3問>

1) ・여름(　　)에는 음식이 금방 상하니까 특히 조심하세요.
・돈이 좀 들어도 (　　)보다는 금이나 은으로 만드는 게 좋을 것 같아요.
・우리 여동생은 아직 (　　)가/이 없으니까 이해해 주세요.

20

①칸　②재　③애　④철

2）・이 요리는 고기를（　　）넣으면 더 맛있어요.
・결심을（　　）새로운 일에 도전했다.
・영어와 수학은 기초를（　　）두지 않으면 점점 따라가기 힘들어져요. 21

①다지다　②부수다　③썩이다　④쪼개다

3）・껌을（　　）버릴 때는 반드시 종이에 싸서 버립시다.
・너 왜 자꾸 내 문자를（　　）거야?
・뒤에서 다른 사람을（　　）건 좋지 않아요. 22

①쓸다　②엎다　③씹다　④젓다

6 対話文を完成させるのに最も適切なものを①～④の中から１つ選びなさい。
（マークシートの23番～25番を使いなさい） ＜２点×３問＞

1）A：어제 오랜만에 영민 씨를 봤는데 분위기가 많이 달라진 것 같던데요.
B：（ 23 ）.
A：어쩐지 말투도 그렇고 체격도 더 좋아진 것 같더라고요.

①네, 아파서 지난주까지 병원에 입원했었대요
②그래요? 제가 보기에 변함없는 것 같은데
③맞아요. 요새 바둑을 배우기 시작했대요
④네, 군대에 다녀오고서는 사람이 많이 변한 것 같아요

2) A：요새 회사 끝나자마자 왜 서둘러 퇴근하는 거예요?
B：(24).
A：다음 주라고요? 정신 없겠네요. 내가 뭐 도와줄 건 없어요?

①다음 주에 친구 결혼식이 있어서 가야 합니다
②다음 주에 이사하기 때문에 매일 밤 짐을 꾸린답니다
③다음 주까지 보고서를 작성해야 합니다
④다음 주에 가족들과 수족관에 갈 예정입니다

3) A：영업부의 김 대리 아직 스물다섯 살밖에 안 됐다면서요?
B：(25)
A：그러게요. 매사에 침착하고 어른스러워서 서른은 넘은 줄 알았어요.

①네, 나이는 어리지만 속이 깊은 사람이에요.
②네, 정말 젊어 보이죠?
③김 대리는 복싱이랑 사이클링 같은 운동을 자주 한대요.
④일할 때는 나이가 상관없는 것 같아요.

7 下線部の漢字と同じハングルで表記されるものを①～④の中から１つ選びなさい。
(マークシートの26番～28番を使いなさい)　＜１点×３問＞

1）入社　26

①者　②差　③資　④辞

2）盗難　27

①頭　②動　③図　④登

3）断定　28

①男　②段　③担　④炭

8 文章を読んで【問１】～【問２】に答えなさい。
(マークシートの29番～30番を使いなさい)　＜２点×２問＞

여러분은 혹시 월요일 아침에 특히 잠자리에서 일어나기가 싫고 출근하기가 힘들지 않습니까? 입맛이 없고 회사에서 오전에 계속 나른하고 피곤하지는 않습니까? 작은 일에도 짜증이 나고 우울하지는 않습니까? 이런 증상이 심하게 나타난다면 월요병일 가능성이 높습니다. 이런 월요병에 걸리지 않으려면 무엇보다도 우선 일요일 아침에 늦잠을 자지 않도록 하세요. 대부분의 월요병이 일요일 아침 늦잠 때문에 우리 몸의 리듬이 파괴된 데서 시작되니까요. 그리고 일주일 계획 중 즐겁고 유쾌한 일은 월요일에 하도록 하세요. 지루하고 재미없는 일은 가능하면 월요일을 피하도록 합시다.

【問１】本文のタイトルとして最も適切なものを①～④の中から１つ選びなさい。 29

①늦잠을 자지 않는 방법
②월요병의 증상과 예방법
③월요병에 걸렸을 때의 치료법
④우리 몸의 리듬과 건강의 관계

【問２】本文の内容と一致するものを①～④の中から１つ選びなさい。

30

①우리는 매일 아침 일어나기 싫고 출근하기가 힘들다.
②입맛이 없을 때는 일찍 자고 일찍 일어나면 된다.
③즐겁고 유쾌한 일은 월요일에 많이 하는 게 좋다.
④월요일에는 일을 많이 하지 않고 자주 휴식을 해야 한다.

9 対話文を読んで【問１】～【問２】に答えなさい。
(マークシートの31番～32番を使いなさい) ＜２点×２問＞

여 : 어제 뉴스 봤어요? 어떤 할아버지가 자신의 재산을 기부했다는 뉴스 말이에요.
남 : 그래요? 못 봤는데 좀 자세히 얘기해 주세요.
여 : 혼자서 어렵게 사시는 할아버지가 평생 쓰레기를 주우며 모은

돈 1억 원을 고아원에 기부하셨대요.

남 : 돈이 많은 사람도 아니고 평생 가난하게 사시면서 힘들게 모은 돈을 선뜻 부모가 없는 아이들을 위해 기부하다니 천사가 따로 없네요.

여 : 그러게요. 보통 사람은 상상할 수도 없는 일이죠. 정말 본받을 만한 분인 것 같아요.

【問1】'할아버지'のことではないものを①~④の中から選びなさい。

31

①할아버지는 부자이다.

②할아버지는 평생 쓰레기를 줍는 일을 해 왔다.

③할아버지는 자신이 모은 돈을 고아원에 기부했다.

④할아버지는 평생 가난하게 살았다.

【問2】対話文の内容から分かることを①~④の中から1つ選びなさい。

32

①할아버지는 가족이 없는 노인들을 위해 돈을 기부했다.

②보통 사람들은 다른 사람들을 위해 자주 기부를 한다.

③할아버지의 행동은 아주 본받을 만하다.

④이 세상의 아이들은 모두 천사가 따로 없다.

10

文章を読んで【問１】〜【問２】に答えなさい。
(マークシートの33番〜34番を使いなさい)　　　<２点×２問>

아버지의 예순일곱 번째 생일날, 나는 스마트폰을 선물했다. (A) 아버지는 선물을 열어 보고 "나는 스마트폰 같은 건 안 쓴다"며 가지고 가라고 하셨다. (B)결국 아버지는 못마땅한 얼굴로 스마트폰을 받으셨다. (C)그러던 아버지가 이젠 매일같이 스마트폰을 애용하신다. (D)친구들 사이에서도 젊은 사람처럼 취급을 받는다고 한다. 스마트폰은 34어머니에게도 행복을 주었다. 어머니는 멀리 있어 자주 만나지 못하는 손자 얼굴을 영상 통화로 언제든지 볼 수 있다며 기뻐하셨다. 스마트폰으로 손자들 사진도 자주 보내 드린다. 스마트폰 덕분에 웃음이 많아지신 부모님을 보면 너무 기쁘다.

【問１】本文では「"인터넷을 사용하지 않아도 돼요. 그냥 통화만 하세요." 라며 설득했다.」という文が抜けています。この文が入る位置として、最も適切なものを①〜④の中から１つ選びなさい。 33

①(A)　②(B)　③(C)　④(D)

【問２】34어머니에게도 행복을 주었다と言った理由を①〜④の中から１つ選びなさい。 34

①내가 스마트폰을 선물해서
②아버지가 친구들 사이에서 가장 젊으셔서
③아버지가 매일같이 스마트폰을 사용하셔서
④손자 얼굴을 스마트폰으로 볼 수 있어서

STEP 4 模擬試験2 筆記

11

下線部の日本語訳として適切なものを①～④の中から1つ選びなさい。(マークシートの35番～37番を使いなさい)　＜2点×3問＞

1）마라톤으로 전세계에 이름을 날렸어요.　35

①名をとどろかせました　②名を連ねました
③名を利用しました　④名高いです

2）여기서 계속 입 놀리지 말고 열심히 일하세요.　36

①うそをつかないで　②口にしないで
③口をとがらせないで　④無駄口をたたいていないで

3）자리가 잡히면 연락할게요.　37

①落ち着いたら　②暇になったら
③時間をつくって　④引っ越しが終わったら

12

下線部の訳として適切なものを①～④の中から1つ選びなさい。(マークシートの38番～40番を使いなさい)　＜2点×3問＞

1）友達の成功を手本にして私もより努力します。　38

①거울로 삼아　②값으로 삼아
③간판으로 삼아　④거리로 삼아

2）食欲がなくなるような話はやめて、早く食べよう。 39

①밥 생각이 나는 얘기 ②밥 생각이 안 나는 얘기
③밥맛 떨어지는 얘기 ④식욕이 없는 얘기

3）だまされたつもりで一度使ってみてください。 40

①속았으니까 ②속았으면 좋겠으니까
③속는 셈 치고 ④속으면 하고

STEP 4

総仕上げ点検！

模擬試験 解答

模擬試験❶　聞き取り問題　正答一覧

問題		マークシート番号	正答	配点
1	1)	1	②	2
	2)	2	①	2
	3)	3	③	2
	4)	4	④	2
2	1)	5	③	2
	2)	6	①	2
	3)	7	②	2
	4)	8	②	2
3	1)	9	②	2
	2)	10	④	2
	3)	11	①	2
	4)	12	③	2

問題		マークシート	正答	配点
4	1)	13	③	2
	2)	14	③	2
	3)	15	②	2
	4)	16	①	2
5	1)	17	①	2
	2)	18	③	2
	3)	19	①	2
	4)	20	④	2

採点

試験	日付	聞き取り	筆記	合計
1回目	／	点／40点	点／60点	点／100点
2回目	／	点／40点	点／60点	点／100点

模擬試験1　筆記問題　正答一覧

問題		マークシート番号	正答	配点
1	1)	1	④	2
	2)	2	③	2
2	1)	3	③	1
	2)	4	④	1
	3)	5	④	1
	4)	6	②	1
	5)	7	①	1
	6)	8	①	1
3	1)	9	③	1
	2)	10	③	1
	3)	11	①	1
	4)	12	③	1
	5)	13	②	1
	6)	14	③	1
4	1)	15	④	1
	2)	16	②	1
	3)	17	④	1
	4)	18	④	1
	5)	19	③	1

問題		マークシート番号	正答	配点
5	1)	20	②	2
	2)	21	④	2
	3)	22	②	2
6	1)	23	④	2
	2)	24	①	2
	3)	25	③	2
7	1)	26	②	1
	2)	27	③	1
	3)	28	①	1
8	1)	29	③	2
	2)	30	③	2
9	1)	31	②	2
	2)	32	①	2
10	1)	33	②	2
	2)	34	④	2
11	1)	35	②	2
	2)	36	②	2
	3)	37	②	2
12	1)	38	③	2
	2)	39	②	2
	3)	40	①	2

模擬試験1　聞き取り問題　解答

1　1)正解 ②

音声

공원이나 놀이터에 있는 놀이 기구입니다.

①다리미　②그네　③깃발　④벽돌

公園や遊び場にある遊具です。

①アイロン　②ぶらんこ　③旗　④れんが

2)正解 ①

音声

어느 장소에 사람들이 많아서 복잡한 모습을 말합니다.

①붐비다　②늘어지다　③둘러싸다　④흩어지다

ある場所に人がたくさんいて混雑している様子を言います。

①混み合う　②垂れる　③取り囲む　④散らばる

3)正解 ③

音声

다른 사람을 교훈이나 본보기로 여긴다는 의미입니다.

①죽는 소리를 하다　②코가 땅에 닿다

③거울로 삼다　④피를 나누다

他人を教訓や見本にするという意味です。

①弱音を吐く　②深々とお辞儀をする

③かがみとする、手本にする　④血を分ける

Point **거울로 삼다**(かがみとする、手本にする、教訓にする)と一緒に、**본보기를 보이다**(①手本を見せる ②みせしめにする)、**본을 뜨다**(型を取る、まねる、手本とする)、**본을 받다**(手本とする、模範とする、見習う)などの表現も覚えましょう。**죽는 소리를 하다**(弱音を吐く)の他に**죽다**を使う表現として、**죽기 살기로/죽자 살자로/죽어라 하고**(死に物狂いで、必死に)、**죽기보다 싫다**(死ぬより嫌だ、死んでも嫌だ)、**죽었다**(おしまいだ、終わりだ)、**죽었다 깨어나도**(①いくら頑張っても<〜できない> ②絶対に、何が

あってもく<〜しない>)、**죽으나 사나**(何が何でも、仕方なく)、**죽을 고생을 하다**(死ぬほど苦労をする、ひどい苦労をする)、**죽을 맛이다**(<困難や感情が極に達して>死にそうだ、大変だ)、**죽을 죄를 짓다**(とても大きな罪を犯す、取り返しのつかないことをしでかす)、**죽을 힘을 다하다**(全力を尽くす)、**죽지 못해 살다**(大変な思いで生きる)などを覚えましょう。

4)正解 ④

音声

어떤 일을 깊이 잘 생각하는 것을 말합니다.

①애매모호　②시행착오　③비몽사몽　④심사숙고

あることを深くよく考えることを言います。

①曖昧模糊　②試行錯誤　③夢うつつ　④深く思い十分考えること

Point **비몽사몽**は漢字で「非夢似夢」、**심사숙고**は「深思熟考」と表記する四字熟語です。

2　1)正解 ③

音声

남：요새 체력이 많이 떨어진 것 같아요. 뭔가 운동을 시작해야겠어요.

여：나도 요새 건강을 위해서 뭔가 하려고 했는데 같이 해 볼래요? 작심삼일이 되지 않게 옆에서 도와주세요.

男：最近体力がだいぶ落ちたようです。何か運動を始めないと。

女：私も最近健康のために何かやろうと思ったのですが、一緒にやりませんか?　三日坊主にならないよう手助けしてください。

①体力が落ちた時はよく食べなければならない。

②女性は最近体力がだいぶ落ちた。

③男性は何か運動を始めようとしている。

④女性と男性は一緒に運動を始めた。

Point **체력이 떨어지다**（体力が落ちる、体力が衰える)、**작심삼일**（三日坊主）の表現を覚えましょう。

2)正解 ①

◀音声

남 : 좀 전에 저기 앞의 사거리에서 택시랑 자가용이 부딪히는 사고가 났대.

여 : 어쩐지 길이 막히더라고. 이럴 줄 알았으면 그냥 지하철을 탈 걸 그랬어.

男 : 先ほどあそこの交差点でタクシーと自家用車がぶつかる事故があったそうだよ。

女 : どうりで道が渋滞してると思った。こうだと分かっていたら地下鉄に乗るんだったわ。

①先ほど交通事故が起きた。

②女性は地下鉄に乗っている。

③男性が乗っていたタクシーがバスとぶつかった。

④女性は会社に遅刻するだろう。

Point **탈 걸 그랬어**（乗ればよかった）の **-(으)ㄹ 걸 그랬다**という表現は、「～すればよかった」の意味です。

3) 正解 ②

◀音声

여 : 술을 끊는다더니 왜 또 마셨어요?

남 : 친구가 고민이 있다고 같이 한잔하자고 해서 어쩔 수 없이 마셨어요.

女 : お酒をやめると言っていたのに、なぜまた飲んだんですか?

男 : 友達が、悩みがあると言って一緒に一杯やろうと言うので、仕方なく飲みました。

①女性はお酒が飲めない。

②男性はお酒をやめたがっている。

③女性は友達とお酒を飲んだ。

④お酒は健康に悪い。

4) 正解 ②

◀音声

남 : 어제 역에서 서울 타워까지 걸어서 올라갔다면서요?

여 : 네, 그렇게 많이 걸을 줄 알았으면 운동화를 신고 갈 걸 그랬어요.

男：昨日駅からソウルタワーまで歩いて登ったんですって？
女：はい、あんなにたくさん歩くと分かっていたらスニーカーを履いていったのに。
①男性は昨日スニーカーを履いた。
②女性は昨日たくさん歩くと知らなかった。
③女性は昨日ケーブルカーに乗った。
④男性はソウルタワーに行ってきた。

3 1）正解 ②

音声

남 : 이 가게에 독특한 옷들이 많네요.
여 : (　　　　　　　　　　　　).
①네. 이 근처에는 독특한 가게가 많은 것 같아요
②네. 이런 옷들은 구경도 못 해 봤어요
③이제 추워지니까 따뜻한 겨울옷을 찾고 있어요
④정말 평범하고 소박한 옷들이 많네요

男：この店にはユニークな服が多いですね。
女：(　　　　　　　　　　　　)。
①はい、この近所にはユニークな店が多いと思います
②はい、こんな服は見たこともありません
③これから寒くなってくるので、暖かい冬服を探しています
④本当に平凡で素朴な服が多いですね

2）正解 ④

音声

남 : 집에서 어머니를 자주 도와 드리나요?
여 : (　　　　　　　　　　　　).
①아니요, 어머니는 회사에 다니셔서 눈코 뜰 새 없이 바쁘세요
②네, 저는 집안일은 못하지만 운동은 잘해요
③네, 저는 다음 달부터 혼자 살 계획이에요
④아니요, 평소 집안일에는 손끝도 안 대요

男：家でお母さんの手伝いをよくしますか？
女：(　　　　　　　　　　)。
①いいえ、お母さんは会社に通っているので、とても忙しいです
②はい、私は家事はできないけれど、運動はできます
③はい、私は来月から一人暮らしをする計画です
④いいえ、普段家事は一切しません
Point **손끝도 안 대다**（何もしない、手を触れもしない）の他に、**손 하나 까딱하지 않다**（指一本動かさない）という表現も覚えましょう。

3）正解 ①

音声

남：아직 어린데 피아노 솜씨가 여간 아니네요.
여：(　　　　　　　　　　).
①세 살 때부터 배우기 시작했으니까 벌써 6년째예요
②아직 어려서 악기를 연주하는 건 어려울 것 같아요
③3년이나 피아노를 배웠는데 좀처럼 실력이 좋아지질 않아요
④어릴 때부터 악기에는 재미를 붙인 적이 없어요

男：まだ幼いのにピアノの腕前がすごいですね。
女：(　　　　　　　　　　)。
①３歳の時から習い始めたので、もう６年目です
②まだ幼いので、楽器を演奏するのは難しいと思います
③３年もピアノを習ったのに、なかなか実力が伸びません
④幼い時から楽器には興味を持ったことがありません
Point **가/이 여간 아니다**は、「並大抵ではない」「尋常ではない」「普通ではない」「すごい」という意味で、否定表現ではありません。

4）正解 ③

音声

남：우리 아이는 가만히 있지 않고 항상 장난만 쳐요.
여：(　　　　　　　　　　)
①우리 아이는 겁이 많아서 혼자서는 아무 데도 못 가요
②아이가 평소에 장난을 치나요?

③아직 아이니까 장난치는 건 당연하지요
④아이 아버지에게 속 털어 놓고 얘기해 보세요

男：うちの子はじっとしていられず、いつもいたずらばかりします。
女：(　　　　　　　　　　　　)
①うちの子は怖がりなので、一人ではどこにも行けません。
②子どもが普段いたずらをするんですか？
③まだ子どもだから、いたずらをするのは当たり前ですよ。
④子どものお父さんに打ち明けてみてください。

Point **장난을 치다**（いたずらをする、ふざける)、**장난이 아니다**（半端ではない、程度が甚だしい）の表現を覚えましょう。

4 1)正解 ③

音声

관리사무소에서 안내 말씀 드립니다. 전기 공사가 있어 내일 오후 2시부터 5시까지 3시간 동안 전기가 들어오지 않습니다. 주민 여러분께 불편을 끼쳐 드려 대단히 죄송합니다. 내일 오후 3시간 동안 불편하시더라도 많은 양해와 협조를 부탁드립니다.

管理事務所からご案内申し上げます。電気工事があり、明日午後2時から5時まで3時間、電気が使えません。住民の皆さまにご不便をおかけして大変申し訳ございません。明日の午後、3時間ご不便ではありますが、ご理解とご協力をお願い申し上げます。
①明日、5時間の間電気工事がある予定だ。
②あさって水道工事のために水が使えない。
③明日の午後電気が使えない予定だ。
④電気会社からの案内放送だ。

2)正解 ③

音声

스티브 잡스는 미국에서 태어나 세계적으로 유명한 애플이란 회사를 세웠지만 그 회사에서 쫓겨나는 힘든 인생을 살았다. 그러나 포기하지 않고 개발을 계속하여 우리에게 익숙한 아이팟, 아이폰, 아이패드 등을 만들어 디지털 시대의 새로운 삶의 모습을 만들었다. 그는 정보를 찾는 것으로 만족하지 않고 스스로 새로운 기술을 창조해 간 사람이다.

スティーブ･ジョブズはアメリカで生まれ世界的に有名なアップルという会社を立てたが、その会社から追い出される大変な人生を送った。しかし、諦めずに開発を続け、私たちになじみのあるアイポッド、アイフォン、アイパッドなどを作りデジタル時代の新しい生活の姿を作り出した。彼は情報を探すことに満足せず、自ら新しい技術を創造していった人だ。

①イギリスで生まれ、アップルという会社を立てた。

②アップルという会社で働いている。

③アイフォン、アイパッドなどを新しく作った。

④世界で初めて携帯電話を開発した。

3）正解 ②

音声

남：여보세요. 저 영업부 대리 이지훈인데요.

여：네, 지훈 씨. 갔던 일은 잘됐어요?

남：네, 잘 마쳤습니다. 그래서 지금 회사로 돌아가는 길입니다.

여：그럴 필요 없어요. 과장님이 지훈 씨한테서 전화 오면 거래처에서 직접 퇴근하라고 하셨어요.

男：もしもし。営業部代理のイ・ジフンですが。

女：はい、ジフンさん。向こうの仕事はうまくいきましたか？

男：はい、無事に終わりました。それで、今、会社に帰るところです。

女：その必要はありません。課長がジフンさんから電話が来たら、取引先から直接退勤するようにとおっしゃいました。

①ジフンは今退勤中だ。

②ジフンは今日取引先に行った。

③部長がジフンに退勤しろと言った。

④ジフンは企画部で代理として働いている。

Point 代理は韓国の会社の役職のひとつです。実質的な権限があるわけではありませんが、入社後数年たつと与えられる役職で、通常は課長の下のポストです。

4）正解 ①

音声

여：여보세요, 경찰서지요? 도둑을 맞아서 신고하려고요.
남：없어진 물건이 있습니까?
여：네, 일 끝나고 집에 돌아오니까 현관문이 열려 있고 침실에 있던 돈 20만 원이랑 반지, 시계가 없어졌어요.
남：알겠습니다. 지금 당장 출동하겠으니 댁의 주소를 알려 주시겠습니까?

女：もしもし。警察署ですよね？　泥棒が入ったので、通報したいんですが。
男：なくなった物はありますか？
女：はい、仕事が終わって家に帰ってきたら、玄関のドアが開いていて、寝室にあったお金20万ウォンと指輪、時計がなくなっていました。
男：分かりました。今すぐ出動しますので、お宅の住所を教えていただけますか？
①女性は警察署に盗難被害を通報した。
②警察は明日被害状況を確認しに行く予定だ。
③女性は現金とコンピューターを失った。
④女性が帰宅したら窓が開いていた。

5 1）正解 ①

音声

사람들이 건너편으로 이동하기 위해서 길을 건너는 곳입니다. 아이들은 손을 들고 건너기도 합니다. 빨간색 신호등이 다른 색깔로 바뀌면 건널 수 있습니다.
①횡단보도　②가드레일　③사거리　④모퉁이

人が向かい側へ移動するために道を渡るところです。子どもたちは手を上げて渡ったりもします。赤信号が別の色に変わったら渡ることができます。
①横断報道　②ガードレール　③交差点　④角

Point **건너다**(渡る)、**손을 들다**(手を上げる)、**빨간색 신호등**(赤信号)などがヒントになります。**횡단보도**(横断歩道)と一緒に**건널목**(踏切)も覚えましょう。

2）正解 ③

音声

저는 물건을 잘 버리지 못하는 편이에요. 특히 소중한 사람들에게 받은 선물은 절대 안 버려요. 제가 처음 취직했을 때 어머니가 사 주신 구두가 있는데 그 구두가 지금 너무 낡아서 신을 수 없는데도 버리지 못하겠어요. 며칠 있으면 연말이라 대청소할 때 큰맘 먹고 버리려고 하는데 잘 될까요?

①남자는 소중한 사람들에게 선물을 자주 한다.

②남자는 졸업 선물로 받은 구두를 대청소할 때 버렸다.

③남자는 어머니한테서 받은 구두를 못 버리고 있다.

④남자는 물건을 잘 정리하지 못하는 편이다.

私は物をあまり捨てられないタイプです。特に大事な人たちにもらったプレゼントは絶対捨てません。私が初めて就職した時に母が買ってくれた靴がありますが、その靴は今は古すぎて履けないのに、捨てられません。もうすぐ年末なので、大掃除をするときに思い切って捨てようと思っているんですが、できるでしょうか？

①男性は大事な人たちによくプレゼントをする。

②男性は卒業プレゼントにもらった靴を大掃除の時に捨てた。

③男性はお母さんからもらった靴を捨てられずにいる。

④男性は物の整理がうまくない方だ。

3）正解 ①

音声

남：미나 씨, 발목 좀 어떠세요? 어쩌다가 다치셨어요?

여：사실은 쓰레기 버리러 가다가 계단에서 넘어졌어요.

남：여기 입원한 지 얼마나 됐어요?

여：지난 주말에 입원했어요. 아직도 한 달 정도는 있어야 된대요.

①병원 병실　②아파트 쓰레기장　③연립 주택 계단　④마사지 가게

男：ミナさん、足首大丈夫ですか？　どうしてけがしたんですか？

女：実はごみを捨てに行く途中に階段で転びました。

男：ここに入院してどれくらいたちましたか？

女：先週末入院しました。まだ１カ月ほどはいなければならないそうです。
①病院の病室　　　②マンションのごみ捨て場
③アパートの階段　④マッサージショップ
Point **다치다**（けがする）、**넘어지다**（転ぶ）、**입원**（入院）などがヒントになります。

4）正解 ④

音声

남：김 부장님의 큰딸이 그렇게 미인이라면서요?
여：사나 씨요? 네, 그런데 사나 씨 못지않게 여동생도 정말 예뻐요.
남：역시 어머니, 아버지가 미인이고 미남이라 자식들도 다 예쁘군요.
여：피는 못 속인다더니 정말 그런 것 같네요.
①사나의 부모님은 두 사람 다 외모가 평범하다.
②자매는 부모님을 닮지 않은 것 같다.
③사나는 어머니보다 아버지를 많이 닮았다.
④김 부장님의 가족은 모두 외모가 훌륭하다.

男：キム部長の長女がとても美人だそうですね。
女：サナさんですか？　はい、でもサナさんに負けないくらい妹も本当にきれいです。
男：さすが、お母さん、お父さんが美人で美男だから、子どももみんなきれいなんですね。
女：血は争えないと言いますが、本当にそのようですね。
①サナの両親は二人とも平凡な外見だ。
②姉妹は両親に似ていないようだ。
③サナは母よりも父によく似ている。
④キム部長の家族は皆、外見が素晴らしい。

模擬試験1　筆記問題　解答

1 1)正解 ④

大したことでもないのに、なぜ怒るんですか？

Point 별+일도は、[별]の次に이が来るのでㄴが添加され(ㄴ挿入)、それによりパッチムㄹの次にㄴが続くので、ㄴがㄹに変わります(流音化)。별 일도→[별+ㄴ+일도]→[별+닐도]→[별릴도]

2)正解 ③

風邪で朝起きられませんでした。

Point 못+일어났어요は、[몯]の次に이が来るのでㄴが添加され(ㄴ挿入)、それにより몯のパッチムㄷは、ㄴ(鼻音)に影響され鼻音化します。못 일어났어요→[몯+ㄴ+이러나써요]→[몯+니러나써요]→[몬니러나써요]

2 1)正解 ③

69.5点ですが、(　　　　　)すると70点になるので合格です。

①大盛り　②カウンター　③四捨五入　④統計

2)正解 ④

別れた友達と再会できる日を(　　　　　)待っています。

①合わせて　②燃え上がって　③ぴったりくっついて　④指折り数えて

3)正解 ④

厄介ごとが全部片付いたら、(　　　　　)気持ちが楽です。

①まっすぐ　②よく、十分　③続々(と)、どんどん　④ひとしお、一層

4)正解 ②

A：本当に久しぶりです。お元気でしたか？

B：ミナさんは(　　　　　)。秘訣(ひけつ)は何ですか？

A：秘訣だなんて。スミンさんこそ全然変わらないですね。

①(苦痛や危険をいとわず)物事に力を尽くしますね

②ますます若くなっていますね
③浮気をしてますね
④尻に火がついてますね
Point **나이를 거꾸로 먹다**(ますます若くなる)の他に、**나이**を使う表現としては、**나이는 못 속이다**(年は争えない、年には勝てない)があります。

5)正解 ①

A：去年、親友から詐欺に遭いました。
B：詐欺ですか？　しかも友人だなんてとても驚かれたでしょうね。
A：はい、詐欺に遭った時は本当に（　　　　　）。
①目の前が真っ暗になりました　②おなかがすいてペコペコでした
③不幸中の幸いでした　④筆を置きました
Point **당하다**を使う表現としては、**거절당하다**(断られる)、**창피당하다**(恥をかく)、**못 당하다**(かなわない)、**도난당하다**(盗まれる)などがあります。

6)正解 ①

A：先生、遅れて本当にすみません。
B：君は（　　　　　）住んでいながら、なぜ毎日遅刻をするんだ？
①目と鼻の先（に）　②鯛なくばえそ　③至難の業　④朝飯前
Point **엎어지면 코 닿을 데**は「倒れたら鼻が当たる所」で「すぐ近く」＝「目と鼻の先」を意味します。その他の選択肢の日本語直訳は、**꿩 대신 닭**＝「キジの代わりに鶏」、**하늘의 별 따기**＝「空の星取り」、**누워서 떡 먹기**＝「横たわって餅を食べる」となります。これらが日本語ではどのようなことわざに相当するか、一つずつ確認してください。

3　1)正解 ③

今、私（　　　　　）これを信じろというのか？
①から、より　②に、のところに
③(人)に、に向かって　④ほど
Point 助詞の**보고**は「見る」という意味とは何の関係もないので、訳すときに気を付けましょう。

2）正解 ③

何を言っているのか分からないので、(　　　　　)ちゃんと説明してください。
①分かったら　②理解していたので　③分かるように　④理解してからやっと

3）正解 ①

今日学校に遅刻して先生に(　　　　　)。
①怒られそうだ　②怒らせた　③怒られはした　④怒られたようでもある

4）正解 ③

うちの課長は、仕事だけ(　　　　　)趣味一つない人だ。
①できるのに　②できたのに　③できて　④できたけど、できるけど
Point 일만 잘하지は「仕事ができるだけであって」の意。

5）正解 ②

母に(　　　　　)母の気持ちが分かる。
①なるには　②なってようやく　③なろうとしたら　④なっていたなら

6）正解 ③

A：子どもがとても礼儀正しく優しそうですね。
B：そうですね。やっぱり子どもは両親の(　　　　　)だと思います。
①しつけをすることはした(ようです)
②しつけしようとしているところ(のようです)
③しつけ次第(だと思います)
④しつけだけをした(ようです)
Point -기 나름이다は「～(し方)次第だ」。

4　1）正解 ④

厚かましくて恥を恥とも思いません。
①軽率で　②冷静で　③堂々としていて　④ずうずうしいので
Point 낯가죽이 두껍다(面の皮が厚い、厚かましい、恥知らずだ)以外に낯を使う表現には、낯을 가리다(人見知りをする)、낯을 못 들다(面目が立たない)、낯을 붉히다(①<恥ずかしくて>顔を赤らめる ②<怒って>顔を真っ

赤にする)、**낯이 간지럽다**(照れくさい、きまりが悪い)、**낯이 뜨겁다**(<恥ずかしさで>顔が火照る、顔から火が出る)、**낯이 설다**(①<人の顔が>見覚えがない、見慣れない ②<形・状態などが>不慣れだ、見たことがない)、**낯이 익다**(①顔なじみだ ②<形・状態などに>なじみがある、見覚えがある)などがあります。

2)正解 ②

疲れたので、ちょっと眠ってきますね。
①全てをそろえて ②しばらく寝て ③頭を冷やして ④ずっと耐えて
Point **눈을 붙이다**(ちょっと眠る)の他に**눈**を使う表現には、**눈을 똑바로 뜨다**(①目を開く、目を覚ます ②気を確かに持つ、気を取り直す)、**눈을 뜨고 볼 수 없다**(見るに堪えない、目も当てられない)、**눈을 뜨다**(①目を覚ます、覚醒する ②読み書きができるようになる)、**눈을 맞추다**(①目を見合わせる、視線を合わせる ②目で合図し合う ③目と目で愛をささやく)、**눈을 속이다**(目をくらます、人目を盗む)、**눈을 의심하다**(目を疑う)、**눈을 피하다**(①人目を避ける ②身を隠す)などがあります。

3)正解 ④

恐れずにここを見てください。
①逆らわないで ②飛びかからないで ③壊さずに ④怖がらずに
Point **겁을 먹다/겁이 나다**(①恐れる、怖がる ②物おじする、ちゅうちょする)の他に**겁**(恐れ、怖さ)を使う表現として、**겁에 질리다**(恐怖におびえる)、**겁을 내다**(①怖気づく、怖がる、おびえる ②物おじする、尻込みする)、**겁이 많다**(臆病だ、怖がりだ)、**겁이 없다**(怖いもの知らずだ、恐れない)なども覚えましょう。

4)正解 ④

A:何か一緒に事業でも始めませんか?
B:今は時期ではないので、もう少し待ってみましょう。
①誇大妄想なので ②虎視眈々なので
③盛りだくさんのご馳走なので ④時期尚早なので

5）正解 ③

A：弟(妹)よりは僕の方が勉強も運動もできるよ。
B：君と弟(妹)は、成績も運動能力もほとんど同じだよ。
①川口で船を破るだよ　②馬の耳に念仏だよ
③どんぐりの背比べだよ　④千里の道も一歩からだよ

5　1）正解 ②

①クモ　②歩み　③煙突　④準備

Point 正解の選択肢を入れた文はそれぞれ、**범인이 (걸음)을 멈추고는 뒤를 돌아보았다**(犯人が足を止めて後ろを振り向いた)、**아버지하고 같이 외출하면 (걸음)이 빨라서 힘들어요**(父と一緒に外出すると、歩くのが速くて大変です)、**자주 오더니 요새는 왠지 (걸음)이 뜸하네요**(よく来てたけど、最近はなぜかあまり来なくなりましたね)となります。**걸음**は①歩み、歩行 ②足取り、歩調 ③行くことまたは来ることの意味。**뜸하다**は「まばらだ」の意味なので、**걸음이 뜸하다**は頻繁に来ないことを意味し、「あまり来ない」。

2）正解 ④

①沈む　②切れる　③迫ってくる　④壊れる

Point 正解の選択肢を入れた文はそれぞれ、**한국어로 문자를 보내면 자꾸 문자가 (깨진다)**(韓国語でメールを送ると、よく文字化けする)、**이번 대회의 신기록으로 지금까지의 기록이 (깨졌다)**(この大会の新記録で、今までの記録が破られた)、**그 사람 때문에 분위기가 (깨져서) 한 명씩 집에 가기 시작했다**(あの人のせいで雰囲気がしらけてしまい、一人ずつ家に帰り始めた)となります。

3）正解 ②

①浸す　②火を通す、習う　③温める　④ゆでる

Point 正解の選択肢を入れた文はそれぞれ、**돼지고기는 잘 (익혀서) 먹어야 돼요**(豚肉はよく火を通して食べなければいけません)、**김치를 (익혀서) 김치찌개를 끓여 먹으면 정말 맛있어요**(キムチを熟成させてキムチチゲを作って食べると、本当においしいです)、**빨리 한국어 회화를 (익혀서) 한국 사람들하고 얘기해 보고 싶어요**(早く韓国語の会話を習って、韓国人と話を

してみたいです)となります。**익히다**には①十分に火を通す ②(酒などを)発酵させる ③身に付ける、習う、なじむ、慣れる ④慣らす、などの意味があります。**고기를 익히다**(お肉に火を通す)、**술을 익히다**(酒を発酵させる)、**김치를 익히다**(キムチを発酵させる)、**기술을 익히다**(技術を身に付ける)、**운전을 익히다**(運転を習う)、**회화를 익히다**(会話を習う)、**길을 익히다**(道を覚える)、**낯을 익히다**(顔をなじませる、顔を覚える)、**손에 익히다**(手に慣らす)、**눈에 익히다**(目に慣らす)、**몸에 익히다**(身に付ける)などの表現を覚えて使い方を確認してください。

6 **1)正解 ④**

A:横断歩道まで行くのは遠いので、ここで道を渡ろう。
B:(　　　　　　　　　　)
A:そうだけど、夜だし車もあまりないから、問題ないと思って。
①歩道橋を渡っては駄目かな?
②あそこの角で友達が待っているんだ。
③下り坂は、上り坂よりは歩きやすい。
④私には法を破るのはやめようと言ったじゃない?

2)正解 ①

A:昨日の朝バスを乗り間違えて、会社に遅刻しました。
B:(　　　　　　　　　　)。
A:でも、3年も通っている会社なのにバスを乗り間違えるなんて、ちょっと情けないです。
①人ならば誰でも失敗するものです
②バスの路線をよく確認してください
③待合室にいる人たちに聞いてみてください
④満員バスで本当に大変だったでしょう

Point Aの失敗談に対してBが言及した後、さらにAが「でも、……情けない」と答えているので、解答は励ます内容の言葉になります。

3)正解 ③

A:話しづらかっただろうに、正直に話してくれてありがとうございます。

B：(　　　　　　　　　　)。
A：そうですよ。私たちの間に秘密なんか作るのはやめましょう。
①いいえ。では、私が必ずお見舞いに行きますね
②よく考えたら何か方法があると思います
③全部打ち明けたら気分がすっきりしました
④いろいろと気を配ってくださったおかげです
Point **속이 시원하다**(気持ちがすっきりしている、さっぱりしている、せいせいしている)の他に、**속이 검다**(腹黒い)、**속이 보이다/속이 들여다보이다**(<本心や偽りなどが>見え透いている)、**속이 풀리다**(①気が済む、気持ちがおさまる ②胸や胃の具合が良くなる、楽になる)などの表現も覚えましょう。

7 1)正解 ②

読解＝독해
①特＝특　②独＝독　③徳＝덕　④得＝득
Point **독**と表記する漢字はその他に「毒」「督」などがあります。

2)正解 ③

所属＝소속
①署＝서　②初＝초　③紹＝소　④招＝초
Point **소**と表記する漢字はその他に「消」「素」「少」「小」「疎」「笑」「焼」などが、**서**には「書」「赦」「序」「暑」など、**초**には「超」「焦」「藻」「礎」などがあります。

3)正解 ①

普及＝보급
①保＝보　②豊＝풍　③夫＝부　④貿＝무
Point **보**と表記する漢字はその他に「宝」「報」「補」「歩」などが、**풍**には「風」など、**부**には「否」「付」「部」「婦」「父」「副」「富」「不(ㄷ、ㅈで始まる語の前に付く場合)」など、**무**には「無」「務」「武」「舞」などがあります。

8 　ストレスと環境汚染がひどくなるにつれ、髪の毛が抜けて悩んでいる人が増えています。だいたい髪の毛は１日40～50本ほど抜けるが、80～100

本ほど抜けるのならば、少し深刻性を感じる必要があります。普段毛髪の健康に効果的な食品を食べ続ければ、いくらでも脱毛を予防できます。卵、黒豆などが脱毛を予防できる食品です。髪の毛がさらに抜けるのではないかと髪を洗うことをためらってはならず、髪を洗ってきれいな頭皮を維持するようにします。最後に、１日に５分ずつ３回ほど頭皮マッサージをすると効果的です。

【問１】正解 ③

①ストレスと環境汚染の深刻性　②毛髪の管理と健康維持の方法
③脱毛現象と予防法　④健康のために効果的な食品

【問２】正解 ③

①環境汚染がひどくなると、ストレスもたくさんたまる。
②髪の毛がたくさん抜けるときは、頻繁に髪を洗ってはいけない。
③効果的な食べ物などで脱毛を予防することもできる。
④脱毛は、主に男性がよくする悩みだ。

9

女：昨日、携帯電話を落としてしまったのですが、ちゃんと作動しません。
男：ちょっと見てみましょう。これは直すのに時間がちょっとかかりそうですね。バッテリーは大丈夫なんですが、携帯電話の中の部品をいくつか交換しなければなりません。
女：修理費用はいくらくらいかかりますか？
男：ちょっと待ってください。６万ウォンです。どうされますか？
女：ちょっと高いですね。でも、仕方ないですね。直してください。
男：分かりました。では、直しておきますので、今週の土曜日ころに来てください。

【問１】正解 ②

①だから高くならざるを得ません。
②しかし、他の方法はなさそうです。
③だけど、部品を交換するわけにはいきません。
④やはり、ちょっと時間がかかると思います。

Point 할 수 없다は「仕方ない」「やむを得ない」。つまり、そうするしか他に方法がないという意味です。

【問２】正解 ①

①今週の平日は携帯電話を使えない。
②携帯電話の部品は工場にもない。
③６万ウォンで修理費用が足りないかもしれない。
④新しい携帯電話を買う予定だ。

Point 주중は「週中」で、주말(週末)に対して週末ではない日を意味します。평일(平日)とも言います。

10

結婚をしてかわいい娘が２人生まれた。(A)子どもたちに何をしてあげられるか悩んでいると、会社の同僚の子どもたちが思い浮かんだ。(B)「私たちは子どもたちに故郷をつくってあげよう」と約束した。(C)約束通り私たちは同じ家に30年ほど住んでいる。(D)その間、仲良くしていた隣人たちは１人２人と引っ越していき、今では見慣れない顔の方が増えた。お隣さんも１年前に新しく引っ越してきた人たちだ。先月路地の奥にある三つの家の人たちも主が変わった。まだちゃんと話してみてはいないが、仲良くしたい。

【問１】正解 ②

抜けている文：頻繁に引っ越したせいで、子どもたちが友達を作れなかったそうだ。

Point 文章から抜けている文で、会社の同僚の子どもたちが友達を作れなかった原因が頻繁な引っ越しのせいだったと分かるので、自分たちは子どものためになるべく引っ越さないと決心した内容の「『私たちは子どもたちに故郷をつくってあげよう』と約束した」の前が最もふさわしいです。

【問２】正解 ④

①結婚して娘が生まれたので
②近所の人とたくさん話ができていないので
③同じ家に30年も住んでいるので

④仲のいい隣人たちがよそに越すので

11 1)正解 ②

学のある人がなぜそんなことが言えるんですか？

Point **배울 만큼 배우다**(学がある)と共に、**배운 사람**(学のある人)という表現も覚えましょう。

2)正解 ②

若いからって甘く見ないでください。

Point **쉽게 보다**は、「馬鹿にする、侮る、軽く見る、見くびる、甘く見る」という意味です。

3)正解 ②

いくら連絡をしても連絡が取れなくて気が気ではありません。

Point **애가 타다/애가 터지다**は、「もどかしい、じれったい、やきもきする、胸を焦がす、気が気ではない」という意味です。類似の表現に**속이 타다**(やきもきする、気が気ではない)があります。また、**속**を使う**속을 끓이다**(気をもむ)、**속을 썩이다**(①気に病む、気をもむ ②心配させる、気をもませる)、**속이 끓다/속을 끓이다**(①はらわたが煮えくり返る ②＜心配して＞気をもむ)、**속이 상하다/속상하다**(＜腹が立ったり心配したりして＞心が痛む)、**속이 터지다/속을 태우다**(いら立つ)などの表現も併せて覚えましょう。

12 1)正解 ③

①耳が遠くなって　　　②目が見えなくなって
③人の話を信じやすくて　④見る目があって

Point 「うちの子は人の話を信じやすくて大変です」の韓国語訳は「**우리 아이는 귀가 얇아서 큰일이에요**」です。他にも**귀가 가렵다/귀가 간지럽다**(耳がかゆい、人が自分のうわさをしているように感じる)、**귀가 먹다/귀가 멀다/귀를 먹다**(①耳が聞こえなくなる、耳が遠くなる　②＜世間のうわさや情報などに＞疎い)、**귀가 번쩍 뜨이다**(＜うまい話などに＞そそられる、引きつけられる)、**귀가 밝다**(①耳がいい、聴覚が鋭い ②理解力がある ③耳が早い、耳ざとい、早耳だ)、**귀를 기울이다**(耳を傾ける、耳を澄ます)、**귀를**

의심하다(耳を疑う)、귀밑이 빨개지다(頬を染める)、귀에 거슬리다(耳障りだ)、귀에 담다(耳に入れる、聞く)、귀에 익다(①聞き覚えがある、耳にしたことがある ②耳慣れる、聞き慣れる)などの表現を覚えましょう。

2)正解 ②

①金を酒を飲むようにします　②金を湯水のように使います
③金をご飯を作るようにします　④金を薬を飲むようにします

Point 「うちの社長はいつも金を湯水のように使います」の韓国語訳は「우리 사장님은 항상 돈을 물 쓰듯 해요」です。돈은 돌고 돌다(金は天下の回りものだ)、돈을 주고도 못 사다(金では買えない、とても大事だ)などの表現も一緒に覚えましょう。

3)正解 ①

①言うだけ無駄だ　②話にならないだけだ
③秘密が漏れるだけだ　④言うまでもないだけだ

Point 「君には言うだけ無駄だ」の韓国語訳は「너한테는 말해 봐야 입만 아플 뿐이야」です。입만 아프다は「口がすっぱくなる、言うだけ無駄だ」。この他にも입만 살다(口先ばかりだ、口だけ達者だ)、입에 달고 살다/입에 달고 다니다(しょっちゅう口にする)、입에 담다(<思わしくないことを>口に出して言う、口にする)、입에 담지 못하다/입에 담기에도 더럽다(口にするのも汚らわしい)、입에 발린 소리(心にもないお世辞、見え透いた話)、입에 침도 안 바르고 (平気で、平然と)、입에 침 마르도록(口を極めて、言葉を尽くして)なども併せて覚えましょう。

模擬試験❷　聞き取り問題　正答一覧

問題		マークシート番号	正答	配点
1	1)	1	③	2
	2)	2	②	2
	3)	3	④	2
	4)	4	①	2
2	1)	5	②	2
	2)	6	③	2
	3)	7	③	2
	4)	8	①	2
3	1)	9	③	2
	2)	10	③	2
	3)	11	①	2
	4)	12	④	2

問題		マークシート	正答	配点
4	1)	13	②	2
	2)	14	④	2
	3)	15	③	2
	4)	16	③	2
5	1)	17	③	2
	2)	18	④	2
	3)	19	④	2
	4)	20	③	2

採点

試験	日付	聞き取り	筆記	合計
1回目	/	点 / 40点	点 / 60点	点 / 100点
2回目	/	点 / 40点	点 / 60点	点 / 100点

模擬試験❷　筆記問題　正答一覧

問題		マークシート番号	正答	配点
1	1)	1	④	2
	2)	2	①	2
2	1)	3	①	1
	2)	4	①	1
	3)	5	③	1
	4)	6	②	1
	5)	7	②	1
	6)	8	②	1
3	1)	9	①	1
	2)	10	①	1
	3)	11	②	1
	4)	12	④	1
	5)	13	④	1
	6)	14	①	1
4	1)	15	②	1
	2)	16	③	1
	3)	17	③	1
	4)	18	①	1
	5)	19	②	1
5	1)	20	④	2
	2)	21	①	2
	3)	22	③	2
6	1)	23	④	2
	2)	24	②	2
	3)	25	①	2
7	1)	26	④	1
	2)	27	③	1
	3)	28	②	1
8	1)	29	②	2
	2)	30	③	2
9	1)	31	①	2
	2)	32	③	2
10	1)	33	②	2
	2)	34	④	2
11	1)	35	①	2
	2)	36	④	2
	3)	37	①	2
12	1)	38	①	2
	2)	39	③	2
	3)	40	③	2

模擬試験❷　聞き取り問題　解答

1　1）正解 ③

音声

다친 후에 상처가 없어지지 않고 남은 것을 말합니다.

①화상　②거즈　③흉터　④마비

けがした後に傷がなくならず残ったものを言います。

①やけど　②ガーゼ　③傷跡　④まひ

2）正解 ②

音声

자신이 한 행동에 대해 후회하고 반성하는 행위를 말합니다.

①돌이키다　②뉘우치다　③베풀다　④곱하다

自分がした行動に対して後悔し反省する行為を言います。

①振り返る　②後悔する　③施す　④掛ける

Point **뉘우치다**は「後悔する」「反省する」。**곱하다**は「掛ける」「掛け合わせる」で、掛け算は「**곱하기**」といいます。

3）正解 ④

音声

무엇인가를 할 의욕이 없어진 것을 말합니다.

①바람이 자다　②성질이 나다　③애가 타다　④김이 빠지다

何かをする意欲がなくなったことを言います。

①風がやむ　②機嫌を損ねて腹が立つ　③もどかしい　④気が抜ける

Point **김이 빠지다**（①<飲食物の>風味がなくなる ②気が抜ける、意欲を失う ③<話や文章などに>張りがない、味気ない）と併せて、**김을 빼다/김이 세다**（意欲を喪失させる、やる気を奪う）も覚えましょう。

4）正解 ①

音声

이제까지 들어 본 적이 없는 것을 말합니다.

①전대미문　②구사일생　③방방곡곡　④자업자득

今まで聞いたことがないことを言います。

①前代未聞　②九死に一生を得る　③津々浦々　④自業自得

Point **방방곡곡**は「坊坊曲曲」で「漏れなくあらゆる場所」という意味の四字熟語です。

2 **1)正解 ②**

音声

남:내일부터는 자가용이 아니라 자전거로 출근하려고요.

여:정말이에요? 환경 오염도 줄일 수 있고 운동 효과도 있으니 일석이조네요.

男：明日からは自家用車ではなく自転車で出勤しようと思っています。

女：本当ですか？　環境汚染も減らせるし運動効果もあるので、一石二鳥ですね。

①女性は自転車を持っている。

②男性は明日から自転車で会社に行くつもりだ。

③男性は健康のために運動を始めた。

④女性は自家用車で出勤したがっている。

2)正解 ③

音声

남:학교에 가는데 옷차림이 그게 뭐니? 치마가 너무 짧잖아.

여:요즘엔 다 이렇게 교복 치마를 짧게 해서 입는단 말이에요.

男：学校に行くのにその格好は何だ？　スカートが短すぎるじゃないか。

女：最近はみんなこうして制服のスカートを短くしてはくんですよ。

①男性は学生時代、制服を着ていた。

②女性はズボンよりスカートが好きだ。

③男性は女性の格好が気に入らない。

④女性は制服のスカートをはきたくない。

3)正解 ③

音声

여:기사님, 차 좀 잠깐 세워 주세요. 속이 메스껍고 토할 것 같아요.
남:술냄새가 나는 걸 보니까 술 많이 드셨나 보네요. 잠깐만요. 저 앞에서 세워 드릴게요.

女：運転手さん、車をちょっと止めてください。むかむかして吐きそうです。
男：お酒のにおいがしているから、飲み過ぎたようですね。ちょっと待ってください。あの前で車を止めます。
①男性は飲み過ぎた。　②女性は飲酒運転をしようとしている。
③女性はお酒のせいで体調がすぐれない。　④男性は車を降りたがっている。
Point「吐き気がする」「むかむかする」は、**메스껍다**の他に**메슥거리다**、**메슥메슥하다**、**매스껍다**とも言います。

4）正解 ①

音声

여:여보, 뉴스에서 오늘 오후부터 비가 온다고 했으니까 우산 가지고 가세요.
남:회사에 우산 하나 있으니까 만약에 비가 오면 그거 쓸게.

女：あなた、ニュースで今日午後から雨が降ると言っていたから、傘を持っていってください。
男：会社に傘が1本あるから、もし雨が降ったらそれを使うよ。
①妻はニュースで雨が降ると聞いた。
②夫は傘を用意していく。
③今日の午前中は雨が降るだろう。
④雨が降ったら妻が駅まで出向くだろう。

3 1）正解 ③

音声

남:남편분이 부인보다 집안일을 더 잘하신다고요?
여:(　　　　　　　　　　　).
①남편이 저보다 회사일이 더 바빠요
②집안 여기저기에 저의 손때가 묻어 있어요
③웬만한 주부들 못지않게 잘해요
④남편은 엉덩이가 무거워서 좀처럼 밖에 안 나가요

男：ご主人が奥さんより家事がお上手ですって？
女：(　　　　　　　　　　　　)。
①夫が私より会社の仕事が忙しいです
②家中の物が使い古されています
③普通の主婦に負けないくらいうまいです
④夫は腰が重くてなかなか外に出ません
Point「웬만한 ～」は、「ある程度の～」「たいていの～」「普通の～」という意味になります。また、손(手)を使った表現は非常に多いので、**손때가 묻다**(<器具などが>使い古される)の他にも、**손가락을 걸다**(指切りをする)、**손가락을 뻗치다/손길이 뻗다**(①<救いの>手を差し伸べる ②<侵略·干渉などの>手を伸ばす)、**손길이 닿다**(手を付ける、手が届く)、**손길이 미치다**(管理が行き届く、目が行き届く)、**손꼽아 기다리다**(指折り数える、今日か明日かと待つ)、**손바닥을 뒤집듯**(手のひらを返すように、とても簡単だ)、**손발이 되다**(手足となる、労を惜しまず働く)、**손발이 묶이다**(身動きができなくなる、がんじがらめになる)、**손뼉을 치다**(<喜んで>手をたたく、拍手する)などの表現を覚えましょう。さらに、**엉덩이가 무겁다**(①腰が重い、行動を容易に始めようとしない ②長居する)と共に、**엉덩이가 가볍다/궁둥이가 가볍다**(①行動が軽率だ ②一カ所にじっとせず落ち着きがない様)などの表現も覚えましょう。

2)正解 ③

音声

여:사고 때문에 돈이 많이 들었을 텐데 어떻게 해결했어요?
남:(　　　　　　　　　　　　).
①돈을 마련해서 다른 곳으로 이사를 가게 생겼어요
②돈이 들고 말고는 제가 책임질 문제예요
③그냥 보험으로 처리했어요
④사고가 나자마자 쓰러졌어요

女：事故のせいでお金がたくさんかかったはずですが、どうやって解決しましたか？
男：(　　　　　　　　　　　　)。
①お金を工面して他の所に引っ越すことになりました
②お金がかかるかかからないかは、僕が責任を取る問題です

③そのまま保険で処理しました
④事故が起こるや否や倒れました

3）正解 ①

音声

남:아이가 순한가 봐요. 우는 소리가 안 들려요.
여:(　　　　　　　　　　　　　　　).
①배고플 때 말고는 안 울어요
②밖에 나가는 걸 너무 좋아해서 집에 있으려고 하질 않아요
③아이가 입맛이 까다로워서 밥을 잘 안 먹어요
④아이가 요새 말을 안 들어서 힘들어요

男：子どもがおとなしいみたいですね。泣き声が聞こえません。
女：(　　　　　　　　　　　　)。
①おなかがすいている時以外は泣きません
②外に出るのが大好きで、家にいようとしません
③子どもが好き嫌いがあって、ご飯をあまり食べません
④子どもが最近言うことを聞かなくて大変です
Point **순하다**（①おとなしい、素直だ ②<味が>まろやかだ）の意味と、**순한가 봐요**［**수난가봐요**］の発音に注意しましょう。

4）正解 ④

音声

남:웬 전화 요금이 이렇게 많이 나왔어요?
여:(　　　　　　　　　　　　　　　).
①친구에게 매주 편지를 쓰는 데다가 메일도 자주 보내요
②매일 아침 전화하는데도 친구는 자느라고 전화를 못 받아요
③매달 이렇게 전화 요금을 내기에는 돈이 아까워요
④유학 간 친구하고 밤마다 전화하느라고요

男：電話代が結構な金額ですね？
女：(　　　　　　　　　　　　)。
①友達に毎週手紙を書いている上にメールもよく送ります
②毎朝電話しているのに、友達は寝ていて電話に出ないんです

③毎月これほどの電話代を払うのはもったいないです。
④留学中の友達と毎晩電話しているからです。

4 1)正解 ②

音声

한국인의 이름은 성과 이름을 합쳐 대부분 세 글자로 되어 있고 일반적으로 아버지로부터 받은 성을 앞에, 주위 사람들이 지어 준 이름을 그 다음에 붙인다. 넓은 의미에서의 이름은 성과 이름을 합친 것인데 '성명'이라 하기도 한다. 좁은 의미의 이름이란 성을 뺀 이름만을 의미한다.

韓国人の名前は、姓と下の名前を合わせて、たいていが3文字になっていて、一般的に父親からもらった姓を先に、周りの人が付けてくれた下の名前をその次に付ける。広い意味での名前は、姓と下の名前を合わせたもので、「姓名」とも言う。狭い意味の名前とは、姓を取った下の名前を意味する。
①名前は必ず親が付ける。
②狭い意味の名前は、姓を取った下の名前を意味する。
③姓と下の名前を合わせて普通4文字になっている。
④父親からもらった姓が後ろに続く。

2)正解 ④

音声

날씨에 따라 기분이 변하기 쉬운 것은 남자보다 여자라고 합니다. 여성은 남성보다 주위 환경에 영향을 받기 쉽기 때문입니다. 특히 추운 겨울이 지나 따뜻한 봄이 와 햇빛을 받으면 여성 호르몬이 많이 생겨나 밖으로 나가고 싶어진다고 합니다. 밖에 나가고 싶어 하고, 새로운 일을 시작하고 싶어 하는 두근거리는 마음을 가리켜 봄을 많이 탄다고 합니다.

天気によって気分が変わりやすいのは、男性より女性だそうです。女性は男性より周囲の環境に影響されやすいためです。特に寒い冬が過ぎ暖かい春が来て日光を浴びると、女性ホルモンがたくさん出て、外に出たくなるそうです。外に出たがり新しいことを始めたがるときめく気持ちを指して、春負けをする（春に敏感だ）と言います。

①天気によって気分が変わらない。
②寒い冬に女性ホルモンがたくさん出る。
③暖かい春になるととても寒がる。
④男性より天気などに影響されやすい。

Point **봄을 타다**の他に、**더위를 타다**(暑がる)、**추위를 타다**(寒がる)、**가을을 타다**(寂しがる、秋に敏感だ)などの表現も覚えましょう。

3)正解 ③

音声

남:아주머니, 화장실의 변기가 막혔나 봐요.
여:왜요? 물이 잘 안 내려가요? 그럼, 물을 내릴 때 좀 오랫동안 눌러 봐요.
남:그래도 안 돼요. 어제는 물을 내렸더니, 물이 밖으로 넘치기까지 했어요.
여:그래요? 그럼 막힌 거네. 걱정 말아요. 오늘 수리점에 연락해서 뚫어 놓을게요.

男:おばさん、トイレの便器が詰まったようです。
女:どうしたんです? 水が流れないんですか? それなら、水を流す時に長めに押してみてください。
男:それでも駄目なんです。昨日は水を流したら水があふれてしまいました。
女:そうなんですか? それじゃあ詰まったのね。心配しないでください。今日修理業者に連絡して直しておきますね。
①女性は隣に住む人だ。
②女性は今日便器を掃除する予定だ。
③男性の家にある便器の具合が悪い。
④男性は今日店に連絡して便器を直す予定だ。

Point **변기가 막히다**(便器が詰まる)、**물을 내리다**(水を流す)、**물이 내려가다**(水が流れる)、**물이 넘치다**(水があふれる)などの表現を覚えましょう。

4)正解 ③

音声

여:안녕하세요? 아랫층 706호에서 왔는데요.
남:안녕하세요? 저희 아이들이 너무 시끄럽게 뛰었지요? 죄송해요.

여：아이들이 다 그렇죠, 뭐. 그런데 오늘따라 우리 남편이 시끄러워서 잠을 잘 못 자겠다고 그러네요.
남：네, 알겠습니다. 정말 죄송합니다.

女：こんばんは。下の階の706号室から来たんですが。
男：こんばんは。うちの子たちがとてもうるさく走り回ったでしょう？　すみません。
女：子どもはみんな、そんなものですよ。でも今日に限って夫がうるさくて眠れないと言うんですよ。
男：はい、分かりました。本当に申し訳ありません。
①夫はうるさい人だ。
②妻はうるさくて眠れずにいる。
③上の階の子どもたちがうるさく走り回っている。
④子どもの父親はうるさくて706号室に行った。

STEP 4 模擬試験2 解答 聞き取り

5 1)正解 ③

音声

4년에 한 번씩 열리는 전 세계인의 축제입니다. 많은 스포츠 경기에 각국의 선수들이 참가하여 메달을 딸 수 있습니다. 여름과 겨울 대회가 있을 때마다 새로운 마스코트가 생겨납니다.
①월드컵　②이벤트　③올림픽　④캠페인

4年に一度開かれる全世界の人々の祭典です。多くのスポーツ競技に各国の選手たちが参加してメダルを取ることができます。夏と冬の大会があるたびに、新しいマスコットが誕生します。
①ワールドカップ　②イベント　③オリンピック　④キャンペーン

2)正解 ④

音声

전 동물을 아주 좋아합니다. 어릴 적부터 안 키워 본 동물이 없을 정도입니다. 목욕시키는 것도 잘하고 동물 집 청소도 매일매일 해 줍니다. 그래서 동물도 사람만큼 깨끗한 생활을 하게 해 준답니다. 전 동물을 돌보는 것이 정말 좋습니다. 동물을 키우면서 매일 일기도 씁니다.

①여자는 많은 동물들을 키워 볼 것이다.
②여자는 매일 목욕하고 집 청소도 한다.
③여자는 어렸을 적에는 동물을 좋아했었다.
④여자는 동물을 돌보면서 매일 일기를 쓴다.

私は動物が大好きです。幼い頃から、飼ったことのない動物はないほどです。お風呂に入れるのも上手で、動物の小屋の掃除も毎日やってあげます。それで、動物も人並みに清潔な生活ができるようにしてあげています。私は動物の面倒を見るのが本当に好きです。動物を飼いながら、毎日日記も付けています。
①女性はいろいろな動物を飼ってみるつもりだ。
②女性は毎日お風呂に入り家の掃除もする。
③女性は幼い時は動物が好きだった。
④女性は動物の面倒を見ながら日記を書いている。

3) 正解 ④

音声

남: 바쁘실 텐데 와 주셔서 정말 감사합니다. 어제 동네 사거리에서 사고가 났을 때 현장을 목격하셨습니까?
여: 네, 그 당시 신호등이 바뀌어 횡단보도를 건너고 있었는데 갑자기 오토바이가 제 앞에서 길을 건너던 사람과 부딪히고 그냥 달아났습니다.
남: 어떤 오토바이였는지 기억하십니까?
여: 네, 빨간색 오토바이였고 운전하는 사람은 청바지를 입고 있었어요.
①사거리 횡단보도 ②오토바이 가게 ③동네 언덕 ④경찰서

男：お忙しいところ来てくださって誠にありがとうございます。昨日町の交差点で事故が起きた時、現場を目撃されましたか?
女：はい、その当時、信号が変わって横断歩道を渡っていましたが、突然オートバイが私の前で、道を渡っていた人とぶつかり、そのまま逃げていきました。
男：どのようなオートバイだったか覚えていらっしゃいますか?
女：はい、赤いオートバイで、運転している人はジーパンをはいていました。
①交差点の横断歩道 ②オートバイショップ ③町の丘 ④警察署

4）正解 ③

音声

여：큰따님의 용돈을 5만 원이나 올려 주셨어요?

남：딸아이가 5만 원을 올려 달라고 해서 올려 줬어요.

여：민수 씨는 따님들한테 너무 약하신 거 같아요.

남：글쎄 말이에요. 아들은 괜찮은데 딸들이 부탁하면 거절을 못 하겠어요.

①민수는 딸 한 명, 아들 한 명이 있다.

②민수는 딸들에게 엄격하다.

③민수는 장녀의 용돈을 인상해 주었다.

④민수는 이번 달부터 아이들의 용돈을 올려 줄 것이다.

女：長女のお小遣いを5万ウォンも上げてあげたんですか?

男：娘が5万ウォン上げてくれと言うので、上げてあげました。

女：ミンスさんは娘さんたちに甘いようですね。

男：そうなんですよ。息子は大丈夫なんですが、娘たちに頼まれると断れません。

①ミンスは娘が1人、息子が1人います。

②ミンスは娘たちに厳しい。

③ミンスは長女のお小遣いを引き上げてあげた。

④ミンスは今月から子どもたちのお小遣いを上げてあげる予定だ。

Point **큰딸**(長女)＝**장녀**、**큰아들**(長男)＝**장남**、**용돈[용똔]**(小遣い)、**용돈을 올려 주다**＝**용돈을 인상해 주다**(お小遣いを上げてあげる)、**거절하다**(断る)などの表現に注意しながら聞き取ってください。

模擬試験 2　筆記問題　解答

1　1)正解 ④

英語で書かれている本は読めません。

Point [몯]の次に이が来ると、ㄴが添加されます(ㄴ挿入)。못 읽겠어요→[몯＋ㄴ＋일께써요]→[몯＋닐께써요]→[몬닐께써요]

2)正解 ①

今日は仕事が忙しくて会社の会食にも参加できませんでした。

Point [할]の次に이が来ると、ㄴが添加されます(ㄴ挿入)。ㄹパッチムの次に来るㄴはㄹに変わります(流音化)。할일이→[할＋ㄴ＋이리]→[할＋니리]→[할리리]

2　1)正解 ①

授業中に隣の子と騒いでいて先生に(　　　　)されました。

①叱責　②ヒント　③回答　③ノウハウ

Point 꾸지람을 듣다で「叱られる」という意味。同じ意味の表現として꾸중을 듣다、야단을 맞다、혼나다などがあります。

2)正解 ①

点数を(　　　　)みたら思ったより成績が悪くてがっかりした。

①付けて　②ばれて　③縛られて　④書き写して

Point 매기다は「(等級などを)付ける」という意味で、값을 매기다(値を付ける)、점수를 매기다(点数を付ける)などの表現があります。

3)正解 ③

準備しておいた野菜と合わせ調味料を(　　　　)よくあえてください。

①こっそり　②がばっと　③均等に　④そこまでは

4)正解 ②

A：留学に行くと聞きましたが、いつ行くんですか?

B：実は両親が反対して、結局（　　　　　）。
①思い通りになった　②諦めました　③気が済みました　④指切りをしました
Point 생각을 접다(諦める)の他に생각다 못해/생각다 못하여(思い余って、考えあぐねて)などの表現も覚えましょう。

5）正解 ②

A：昨日学校に行って子どもの先生に会ってきました。
B：そうなんですか？　先生に何と言われましたか？
A：（　　　　　）褒めたたえてくださって、とてもうれしかったです。
①いくら頑張っても　②言葉を尽くして
③こっそり　④ぐでんぐでんになるまで
Point 입에 침이 마르도록は「言葉を尽くして」。

6）正解 ②

A：うちの同好会に加入すると、勉強もできて友達もたくさんつくれるよ。
B：勉強に友達まで、まさに（　　　　　）ですね。
①当てが外れる　②一石二鳥　③猫の前のねずみ　④水と油

3 **1）正解 ①**

韓国人（　　　　　）、この俳優を知らない人はいない。
①ならば　②よ（呼び掛け）　③さえ（も）　④に向かって

2）正解 ①

会社の前で1時間も（　　　　　）やっと会うことができました。
①待ってから　②待っているのに　③待つなんて　④待つとか

3）正解 ②

他でもなく君の頼みなのだから、（　　　　　）。早く言ってごらん。
①聞いてあげるのに　②聞いてあげるとも
③聞いてくれるんだな　④聞いてくれるんだって？

4）正解 ④

今回の試験は発表を（　　　　　）合格だろう。
①見るように　②見かねて　③見ているところに　④見るまでもなく

5）正解 ④

A：あの俳優はテレビより実物の方が（　　　　　）。
B：テレビでもかっこいいのに、実物はもっとすてきだって？　私も実物を一度見てみたい。
①すてきなものなんだ　②すてきと思っていた
③すてきなわけだ　④すてきなのよ

6）正解 ①

A：あの映画とても面白いんだって？　どうだった？
B：あの映画が面白いって？　（　　　　　）とても退屈で途中で居眠りした。
①面白いどころか　②面白いだけでも
③面白くさえあれば　④面白いかと思えば

4 1）正解 ②

友達は食堂でご飯だけでは物足りないのか、お酒も頼みました。
①けりがつかなかったのか　②満足できなかったのか
③大騒ぎになったのか　④根気がなかったのか

Point 성에 차다/성이 차다（十分に満足する）の他に、성이 나다/성이 머리끝까지 나다/화가 머리끝까지 치밀다/성을 내다（①腹が立つ、怒る、憤慨する ②怒り狂う）などの表現も覚えましょう。

2）正解 ③

あの人に会えると思ったのにがっかりしたな。
①はばかったな　②出入りしたな　③がっかりしたな　④滑ったな

Point 좋다(가)말다（がっかりする）の他に、좋은 말 할 때（おとなしく言っているうちに、ひどい目に遭う前に）などの表現も覚えましょう。

3）正解 ③

朝から家族たちに腹を立てたら気分が良くありません。
①飛び込んだら　②すがったら　③怒ったら　④殴られたら
Point 성질을 내다/성질을 부리다(怒る)の他に、성질이 나다(機嫌を損ねて腹が立つ)などの表現も覚えましょう。

4)正解 ①

おそらく今度の試験は簡単ではないと思います。
①十中八九　②手をこまねいているだけでどうすることもできないさま
③大同小異　④夢うつつ
Point 속수무책は漢字で「束手無策」と書く四字熟語です。

5)正解 ②

A：あんなに勉強をしていなかったら、結局試験に落ちたな。こうなると思ったよ。
B：ただでさえ悔しいのに、さらに怒らせる気か？
①中途半端にする　②火に油を注ぐ
③本末転倒だという　④灯台下暗しという

5 1)正解 ④

①一定の広さに分けて囲んだ空間　②灰　③気苦労　④鉄
Point 正解の選択肢を入れた文はそれぞれ、여름(철)에는 음식이 금방 상하니까 특히 조심하세요(夏場は食べ物がすぐ傷むので、特に気を付けてください)、돈이 좀 들어도 (철)보다는 금이나 은으로 만드는 게 좋을 것 같아요(少しお金がかかっても、鉄よりは金か銀で作るのがいいと思います)、우리 여동생은 아직 (철)이 없으니까 이해해 주세요(妹はまだ世間知らずなので、理解してください)となります。철には、①「季節」「シーズン」「旬」「真っ盛り」②「分別」「物心」③「鉄」「堅固なもの」の意味があります。장마철(梅雨時)、철이 들다(物心がつく)、철이 없다(世間知らずだ、分別がない)などの表現を覚えましょう。

2)正解 ①

①念を押す　②壊す　③腐らせる　④裂く

Point 正解の選択肢を入れた文はそれぞれ、**이 요리는 고기를 (다져서) 넣으면 더 맛있어요**(この料理は、お肉を刻んで入れるとさらにおいしいです)、**결심을 (다지고) 새로운 일에 도전했다**(決心を固めて新しい仕事に挑戦した)、**영어와 수학은 기초를 (다져) 두지 않으면 점점 따라가기 힘들어요**(英語と数学は基礎を固めておかないと、だんだんついていくのが大変になります)となります。**다지다**には、①「念を押す」「確かめる」 ②「踏み固める」「(漬物などを漬けるとき)軽く押さえつけて味をなじませる」 ③「みじん切りにする」「たたきつぶす」 ④「心に誓う」の意味があります。

3)正解 ③

①掃く　②覆す　③かむ　④かき混ぜる

Point 正解の選択肢を入れた文はそれぞれ、**껌을 (씹고) 버릴 때는 반드시 종이에 싸서 버립시다**(ガムをかんで捨てるときは、必ず紙に包んで捨てましょう)、**너 왜 자꾸 내 문자를 (씹는) 거야?**(おまえはどうして何度も俺のメールを無視するんだ?)、**뒤에서 다른 사람을 (씹는) 건 좋지 않아요**(陰で人の悪口を言うのは良くないです)となります。**씹다**には、①「かむ」 ②「繰り返して言う」「考える」 ③「非難する」 ④「(メールなどを)無視する」の意味があります。

6 1)正解 ④

A:昨日、久しぶりにヨンミンさんに会ったんだけど、雰囲気がかなり変わったような気がしましたよ。

B:(　　　　　　　　　　)

A:どうりで、言葉遣いもさることながら体格もより良くなったなと思いました。

①はい、体調不良で先週まで病院に入院していたそうです。

②そうですか?　私は変わらないと思いますが。

③そうです。最近囲碁を習い始めたそうです。

④はい、軍隊に行ってきてからはとても人が変わったようです。

2)正解 ②

A:最近会社が終わるとすぐに急いで帰るのはなぜですか?

B：(　　　　　　　　　　　)
A：来週ですって？　忙しそうですね。何か私が手伝うことはないですか？
①来週友達の結婚式があって行かなければなりません。
②来週引っ越すので、毎晩荷造りをしているんですよ。
③来週までに報告書を作成しなければなりません。
④来週家族と一緒に水族館に行く予定です。

3)正解 ①

A：営業部のキム代理、まだ25才なんですってね？
B：(　　　　　　　　　　　)
A：そうですよね。何事にも落ち着いていて大人びているから、30代だと思っていました。
①はい、年は若いけれど思慮深い人です。
②はい、本当に若く見えるでしょう？
③キム代理はボクシングやサイクリングのような運動をよくするそうです。
④仕事をする時に年は関係ないようですね。

7　1)正解 ④

入社＝입사
①者＝자　②差＝차　③資＝자　④辞＝사
Point 사と表記する漢字はその他に「思」「謝」「詐」「私」「砂」「死」「史」「事」「司」「詞」「師」「舎」「使」「仕」「写」「査」「似」などが、차には「次」「茶」「車」など、자には「刺」「姉」「姿」「紫」「自」「字」「子」などがあります。

2)正解 ③

盗難＝도난
①頭＝두　②動＝동　③図＝도　④登＝등
Point 도と表記する漢字はその他に「道」「到」「都」「導」「度」「島」「途」「渡」「逃」などが、두には「豆」など、동には「同」「洞」「童」「凍」など、등には「等」「灯」などがあります。

3)正解 ②

断定＝단정
①男＝남　②段＝단　③担＝담　④炭＝탄
Point 단と表記する漢字はその他に「団」「短」「単」「壇」「端」などが、담には「談」「淡」など、탄には「嘆」「坦」「弾」などがあります。

8

皆さんは、ひょっとして月曜日の朝、やけに寝床から起きるのが嫌で出勤がつらくありませんか？　食欲がなく、会社では午前中ずっとだるく疲れてはいませんか？　ささいなことでイライラしたり、憂鬱(ゆううつ)ではありませんか？　こういった症状がひどい時は、月曜病の可能性が高いです。このような月曜病にかからないためには、何よりもまず日曜日の朝に朝寝坊をしないようにしてください。ほとんどの月曜病は、日曜日の朝寝坊のせいで私たちの体のリズムが破壊されたことにより始まるからです。そして、1週間の計画のうち、楽しくて愉快なことは月曜日にするようにしてください。退屈で面白くないことは、なるべく月曜日を避けるようにしましょう。

【問１】正解 ②

①寝坊をしない方法　②月曜病の症状と予防法
③月曜病にかかった時の治療法　④私たちの体のリズムと健康の関係

【問２】正解 ③

①私たちは毎朝起きるのが嫌で出勤するのが大変だ。
②食欲がない時は、早寝早起きすればいい。
③楽しく愉快なことは月曜日にたくさんするのが良い。
④月曜日には仕事をたくさんしないで頻繁に休んだ方が良い。

9

女：昨日、ニュース見ましたか？　あるおじいさんが自分の財産を寄付したというニュースのことです。
男：そうなんですか？　見ていないので詳しく話してください。
女：一人で大変な生活をしているおじいさんが、生涯ごみ拾いをして貯めたお金１億ウォンを児童養護施設に寄付したそうです。
男：お金持ちでもなく一生貧しく暮らしながらこつこつと貯めたお金を、快く親のいない子どもたちのために寄付するなんて、まさに天使ですね。

女：そうですね。普通の人には想像もできないことです。本当に見習うべき方だと思います。

【問１】正解 ①

①おじいさんはお金持ちだ。
②おじいさんは生涯ごみを拾う仕事をしてきた。
③おじいさんは自分が貯めたお金を児童養護施設に寄付した。
④おじいさんは生涯貧しく暮らした。

【問２】正解 ③

①おじいさんは家族がいない老人たちのためにお金を寄付した。
②普通の人たちは他人のためによく寄付をする。
③おじいさんの行動はとても見習うべきだ。
④この世の子どもたちはみんな天使そのものだ。

10

父の67才の誕生日の日、私はスマートフォンをプレゼントした。(A)父はプレゼントを開けてみて、「僕はスマートフォンなんか使わない」と、持って帰れと言った。(B)結局、父は気に食わない顔でスマートフォンを受け取った。(C)そんな父が今は毎日のようにスマートフォンを愛用している。(D)友達の間でも若者扱いをされるそうだ。スマートフォンは母にも幸せをくれた。母は遠くにいて頻繁には会えない孫の顔をビデオ通話でいつでも見れると喜んだ。スマートフォンで孫たちの写真もしょっちゅう送ってあげている。スマートフォンのおかげでよく笑うようになった両親を見ると、とてもうれしい。

【問１】正解 ②

抜けている文：「インターネットは使わなくてもいいですよ。電話だけ使ってください」と言って説得した。

【問２】正解 ④

①私がスマートフォンをプレゼントしたので
②父が友達の間で一番若いので

③父が毎日のようにスマートフォンを使うので
④孫の顔をスマートフォンを通じて見られるので

11 1)正解 ①

マラソンで全世界に名をとどろかせました。

Point **이름을 날리다**(名をはせる、名をとどろかす)の他に**이름**を使う表現には、**이름을 걸다**(①<団体などに>名を連ねる、メンバーになる ②<主に**이름을 걸고**の形で>盾に取る、口実にする、名を借りる ③<主に**이름을 걸고**の形で>名誉をかける、名をかける)、**이름을 팔다**(①名を売る ②名前を利用する、有名になる)、**이름이 나다**(名が知れる、有名になる)、**이름이 없다**(知られていない、無名だ)などがあります。

2)正解 ④

ここでずっと無駄口をたたいていないで仕事を一生懸命してください。

Point **입을 놀리다/혀를 놀리다**(無駄口をたたく、みだりにしゃべる)の他にも、**입을 내밀다**(<腹を立てて>唇を前に突き出す、ムッとする)、**입을 다물다**(①口を閉ざす、口をつぐむ ②話を止める、黙り込む ③口外しない)、**입을 떼다/입을 열다**(口を開く、話を切り出す、話を始める)、**입을 싹 닦다/입을 싹 씻다**(口を拭う、<一人占めして>素知らぬ顔をする)などの表現を覚えましょう。

3)正解 ①

落ち着いたら連絡します。

Point **자리가 잡히다**(①<生活が>安定する、落ち着く ②<秩序や規律が>定着する ③<仕事が>板につく、慣れる)の他に**자리**を使う表現としては、**자리를 잡다**(①定着する、居を定める ②<ある考えや感情が>寝付く)、**자리가 나다**(席が空く、ポストが空く)、**자리를 뜨다**(席を外す、席を離れる)、**점잖은 자리**(かしこまった場)などがあります。

12 1)正解 ①

①かがみとして　　②値段とみなして

③看板とみなして　④通りとみなして

Point 「友達の成功を手本にして私もより努力します」の韓国語訳は「**친구의 성공을 거울로 삼아 저도 더 노력하겠습니다**」です。**～로 삼다**は、「～とみなす」「～にする」という意味で、**거울로 삼다**は、「かがみとする」「手本にする」「教訓にする」という意味になります。

2）正解 ③

①食欲が出る話　②食欲が出ない話
③食欲がなくなるような話　④食欲のない話

Point 「食欲がなくなるような話はやめて、早く食べよう」の韓国語訳は「**밥맛 떨어지는 얘기 그만하고 빨리 먹자**」です。**밥맛이 떨어지다/입맛이 떨어지다**(①食欲がなくなる　②嫌気が差す、うんざりだ)の他に、**밥 먹듯 하다**(①いつも、しょっちゅう ②平気で、たやすく)などの表現も覚えましょう。

3）正解 ③

①だまされたから　②だまされたらいいので
③だまされたつもりで　④だまされればと思って

Point 「だまされたつもりで一度使ってみてください」の韓国語訳は「**속는 셈 치고 한번 써 보세요**」です。**속는 셈 치다**(だまされたつもりだ)の他に、**속고만 살다**(いつもだまされてばかりいる)などの表現も覚えましょう。

「ハングル」能力検定試験 準2級
模擬試験 1 解答用紙(マークシート)

受験日[　　／　　]

■ 聞き取り

1	[1]	[2]	[3]	[4]
2	[1]	[2]	[3]	[4]
3	[1]	[2]	[3]	[4]
4	[1]	[2]	[3]	[4]
5	[1]	[2]	[3]	[4]
6	[1]	[2]	[3]	[4]
7	[1]	[2]	[3]	[4]
8	[1]	[2]	[3]	[4]
9	[1]	[2]	[3]	[4]
10	[1]	[2]	[3]	[4]
11	[1]	[2]	[3]	[4]
12	[1]	[2]	[3]	[4]
13	[1]	[2]	[3]	[4]
14	[1]	[2]	[3]	[4]
15	[1]	[2]	[3]	[4]
16	[1]	[2]	[3]	[4]
17	[1]	[2]	[3]	[4]
18	[1]	[2]	[3]	[4]
19	[1]	[2]	[3]	[4]
20	[1]	[2]	[3]	[4]

[注意事項]

・解答にはHBの黒鉛筆(シャープペンシルも可)を使用してください。
・解答を訂正する場合は消しゴムできれいに消してください。
・所定の場所以外は記入しないでください。

●マーク例

良い例	悪い例		
■	[✓]	[ー]	[⬬]

※模擬試験の解答用紙として、切り取って、または本に付けたままお使いください。
※何度も解く場合はこのページをコピーしてお使いください。

■ 筆記

1	[1]	[2]	[3]	[4]
2	[1]	[2]	[3]	[4]
3	[1]	[2]	[3]	[4]
4	[1]	[2]	[3]	[4]
5	[1]	[2]	[3]	[4]
6	[1]	[2]	[3]	[4]
7	[1]	[2]	[3]	[4]
8	[1]	[2]	[3]	[4]
9	[1]	[2]	[3]	[4]
10	[1]	[2]	[3]	[4]
11	[1]	[2]	[3]	[4]
12	[1]	[2]	[3]	[4]
13	[1]	[2]	[3]	[4]
14	[1]	[2]	[3]	[4]
15	[1]	[2]	[3]	[4]
16	[1]	[2]	[3]	[4]
17	[1]	[2]	[3]	[4]
18	[1]	[2]	[3]	[4]
19	[1]	[2]	[3]	[4]
20	[1]	[2]	[3]	[4]
21	[1]	[2]	[3]	[4]
22	[1]	[2]	[3]	[4]
23	[1]	[2]	[3]	[4]
24	[1]	[2]	[3]	[4]
25	[1]	[2]	[3]	[4]
26	[1]	[2]	[3]	[4]
27	[1]	[2]	[3]	[4]
28	[1]	[2]	[3]	[4]
29	[1]	[2]	[3]	[4]
30	[1]	[2]	[3]	[4]
31	[1]	[2]	[3]	[4]
32	[1]	[2]	[3]	[4]
33	[1]	[2]	[3]	[4]
34	[1]	[2]	[3]	[4]
35	[1]	[2]	[3]	[4]
36	[1]	[2]	[3]	[4]
37	[1]	[2]	[3]	[4]
38	[1]	[2]	[3]	[4]
39	[1]	[2]	[3]	[4]
40	[1]	[2]	[3]	[4]

キリトリ ✂

「ハングル」能力検定試験 準2級
模擬試験 2 解答用紙(マークシート)

受験日[　　／　　]

■ 聞き取り

1	[1]	[2]	[3]	[4]
2	[1]	[2]	[3]	[4]
3	[1]	[2]	[3]	[4]
4	[1]	[2]	[3]	[4]
5	[1]	[2]	[3]	[4]
6	[1]	[2]	[3]	[4]
7	[1]	[2]	[3]	[4]
8	[1]	[2]	[3]	[4]
9	[1]	[2]	[3]	[4]
10	[1]	[2]	[3]	[4]
11	[1]	[2]	[3]	[4]
12	[1]	[2]	[3]	[4]
13	[1]	[2]	[3]	[4]
14	[1]	[2]	[3]	[4]
15	[1]	[2]	[3]	[4]
16	[1]	[2]	[3]	[4]
17	[1]	[2]	[3]	[4]
18	[1]	[2]	[3]	[4]
19	[1]	[2]	[3]	[4]
20	[1]	[2]	[3]	[4]

[注意事項]

・解答にはHBの黒鉛筆(シャープペンシルも可)を使用してください。
・解答を訂正する場合は消しゴムできれいに消してください。
・所定の場所以外は記入しないでください。

●マーク例

良い例	悪い例
■	[✓]　[―]　[⬬]

※模擬試験の解答用紙として、切り取って、または本に付けたままお使いください。
※何度も解く場合はこのページをコピーしてお使いください。

■ 筆記

1	[1]	[2]	[3]	[4]
2	[1]	[2]	[3]	[4]
3	[1]	[2]	[3]	[4]
4	[1]	[2]	[3]	[4]
5	[1]	[2]	[3]	[4]
6	[1]	[2]	[3]	[4]
7	[1]	[2]	[3]	[4]
8	[1]	[2]	[3]	[4]
9	[1]	[2]	[3]	[4]
10	[1]	[2]	[3]	[4]
11	[1]	[2]	[3]	[4]
12	[1]	[2]	[3]	[4]
13	[1]	[2]	[3]	[4]
14	[1]	[2]	[3]	[4]
15	[1]	[2]	[3]	[4]
16	[1]	[2]	[3]	[4]
17	[1]	[2]	[3]	[4]
18	[1]	[2]	[3]	[4]
19	[1]	[2]	[3]	[4]
20	[1]	[2]	[3]	[4]
21	[1]	[2]	[3]	[4]
22	[1]	[2]	[3]	[4]
23	[1]	[2]	[3]	[4]
24	[1]	[2]	[3]	[4]
25	[1]	[2]	[3]	[4]
26	[1]	[2]	[3]	[4]
27	[1]	[2]	[3]	[4]
28	[1]	[2]	[3]	[4]
29	[1]	[2]	[3]	[4]
30	[1]	[2]	[3]	[4]
31	[1]	[2]	[3]	[4]
32	[1]	[2]	[3]	[4]
33	[1]	[2]	[3]	[4]
34	[1]	[2]	[3]	[4]
35	[1]	[2]	[3]	[4]
36	[1]	[2]	[3]	[4]
37	[1]	[2]	[3]	[4]
38	[1]	[2]	[3]	[4]
39	[1]	[2]	[3]	[4]
40	[1]	[2]	[3]	[4]

キリトリ ✂

著者プロフィール

林京愛(イム・ギョンエ)

お茶の水女子大学大学院人間文化研究科修士課程修了。同大学院人間文化研究科国際日本学専攻博士課程単位取得。ソウル大学韓国語教員養成課程修了。一般企業、教育機関などでの通訳・翻訳経験多数。韓国語学校「チョウンチング韓国語学院」の学院長を務め、江戸川大学、神田外語学院などでの非常勤講師、警視庁外国語教育機関勤務等を経て現在、目白大学韓国語学科、中央学院大学非常勤講師。著書に『最強の！韓国語表現』『料理で学ぶ韓国語レッスン』『私の韓国語手帖―単語絵本とかんたんフレーズ』『あなただけの韓国語家庭教師』(全て国際語学社)、『ハングル能力検定試験５級完全対策』『ハングル能力検定試験４級完全対策』『ハングル能力検定試験３級完全対策』(全てHANA)など。

新装版「ハングル」能力検定試験準2級完全対策

2022年　6月1日　初版発行

著者　林京愛
編集　河井佳
デザイン・DTP　洪永愛（Studio H2）
ナレーション　イ・ジェウク、イム・チュヒ、菊地信子
録音・編集　小野博
印刷・製本　中央精版印刷株式会社

発行人　裵正烈

発行　株式会社HANA
〒102-0072 東京都千代田区飯田橋4-9-1
TEL：03-6909-9380　FAX：03-6909-9388
E-mail：info@hanapress.com

発売　株式会社インプレス
〒101-0051 東京都千代田区神田神保町一丁目105番地

ISBN978-4-295-40706-5　©HANA 2022　Printed in Japan

●本の内容に関するお問い合わせ先
HANA 書籍編集部
TEL：03-6909-9380　FAX：03-6909-9388　E-mail：info@hanapress.com

●乱丁本・落丁本の取り替えに関するお問い合わせ先
インプレス カスタマーセンター
FAX：03-6837-5023　E-mail：service@impress.co.jp